사춘기를 위한
맞춤법 수업 ✳

일러두기

- 외래어 표기는 국립국어원 원칙을 따르되, 일반적으로 통용되어 굳어진 용어들은 그대로 사용했습니다.
- 문장 부호는 다음의 기준에 맞춰 사용했습니다.
  《 》단행본·신문·잡지·정기간행물 등
  〈 〉법령·논문·기사·영화·드라마 등

사춘기를 위한 맞춤법 수업 ✳

권희린 지음

삶과 고인의 명복을 빕니다.

어의가 없네.

감기 빨리 낳아.

억장이 문어진다.

너 그거 고정간염이야.

오늘은 웬지….

환골탈퇴 할 거야.

5회말 카드 주세요.

생각
학교

목차

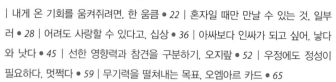

까짓것 좀 모른 체하고
지나가면 안 돼?

"맞춤법을 틀리는 자, 초등학교로 다시 돌아가라!"

고등학교에서 학생들을 가르치는 나는 '받아쓰기 시험'으로 첫 수업을 시작해. 맞춤법을 틀리면 초등학교로 돌아가야 한다며 으름장을 놓지. 그래서 학생들은 내가 어린 시절부터 맞춤법에 상당히 꼼꼼했을 거라고 생각하곤 해.

나는 대학에서 국어국문학을 전공했지만 맞춤법을 잘 몰랐어. 그러다 보니 국문과에서 필수로 들어야 했던 국어 어문학개론 수업이 정말 싫었지. 교수님의 외모는 빛이 났지만 전공 책인 노란색 표지의 《국어어문규정집》만 보면 가슴이 울렁거릴 정도였어.

한번은 교수님이 독특한 과제를 내주셨어. "요즘 여러분이 듣는 노래 가사의 음운을 분석해서 리포트로 제출하세요!" 친구들이 머리를 싸매고 공포의 《국어어문규정집》을 들췄가며 과제를 제출할 때, 나만 그 과제를 제출하지 못했어. 결국 맞춤법의 기본이 되는 수업을 C학점으로 마친 거야. 여기까지 읽으면 어떻게 맞춤법에 관한 책을 쓴 건지 의문이 들 거야. 사실 내가 변하게 된 계기가 있어.

선생님, '닥달하다'가 아니고 '닦달하다'입니다

내가 처음으로 교사가 됐을 때, 학생들과 적극적으로 소통하고 싶어서 SNS(당시 싸이월드)에서 나의 일상을 나누고 있었지. 학생들과 동아리 활동을 하며 찍은 사진을 두고 댓글을 주고받다가 "녀석들, 선생님을 닥달하기는!"이라고 적었어. 그런데 한 학생이 그 글에 이런 댓글을 달았어.

"선생님, '닥달하다'가 아니고 '닦달하다'입니다."

평소에 책도 많이 읽고 똑똑하기로 소문이 자자한 학생이 단 댓글을 보는 순간 식은땀이 났지. 내가 틀린 것이 확실해 보였어. 바로 사전을 찾았는데 정말 틀린 거야(부끄럽지만 정말 그때까지 난 '닥달하다'로 알고 있었어). 분명 내가 틀렸는데, 갑자기 화가 났어.

'까짓것 좀 모른 체하고 지나가면 될걸. 이렇게 다른 사람

들 다 보는 곳에서 지적할 일인가?'

항상 겸손했던 학생이라 다른 사람들 앞에서 창피를 주려던 것이 아님은 잘 알고 있었어. 그런데도 그 학생이 원망스럽고 그러면서 다른 학생들이 볼지도 모른다는 걱정이 들면서 글 자체를 지워버리고 싶고 수치스럽기도 했어.

맞춤법을 틀리면 이상한 감정이 들어. 실수로 틀릴 수도 있는데 어디서 지적질을 하냐며 화가 나지. 또 내가 숨겨뒀던 부끄러운 부분이 다른 사람들 앞에 공개된 느낌이 들기도 하고. 그때 마음속에 여러 생각이 맴돌았어. 그중에서도 그 글을 지워 증거를 남기지 말아야겠다는 생각이 가장 비겁한 것 같았지. 그 학생도 선생님의 맞춤법을 이야기하는 게 쉽지 않았겠다는 결론에 이르렀거든. 그때 이 지적을 고맙게 받아들여야겠다고 결심했어. 부끄러움은 내 몫이지만 그건 정말 순간일 뿐이니까. 그때 부끄러움을 솔직하게 마주한 덕분에 나는 이전과 달라질 수 있었어. 이후에 맞춤법만큼은 섬세하고 예민하게 대할 수 있었거든.

한번쯤 누군가에게 맞춤법에 대한 지적을 받은 적이 있을 거야. 그런데 틀린 맞춤법을 지적해준 사람에게 고맙다고 느낀 적은 거의 없을 거야. 그 옛날의 나처럼 화부터 내는 사람이 훨씬 많을걸. 그런 일들로 인해 화를 낼 필요는 없어. 맞춤법이 틀렸다고 말해주는 친구는 진짜 좋은 친구일지도 몰라.

맞춤법은 누구나 틀릴 수 있어. 맞춤법에 완벽한 사람을 찾는 일은 쉽지 않아. 나도 맞춤법만큼은 이전보다 예민해졌다고 자부하지만 그래도 가끔 틀려. 맞춤법 시험을 누구보다 열심히 치르고 언론사에 입사하는 기자들도 많이 틀린다고 해. 누구든 실수할 수 있으니까. 오히려 너무 완벽하면 인간미가 떨어지지 않을까?

맞춤법 오류는 이에 낀 고춧가루 같은 것

맞춤법을 지적하는 사람은 좋은 사람이야. 잘 생각해봐. 아마 맞춤법이 틀렸다고 말하는 사람도 말을 꺼내기까지 고민했을 거야. 언제 말해야 하나 싶고, 조심스럽게 말해줬는데 친구가 화를 내서 둘 사이에 금이 가지 않을까 걱정도 하게 되지.

말을 꺼냈을 때 따라오는 위험에도 불구하고 나에게 맞춤법 이야기를 해준 친구라면, 오늘부터 더 친하게 지내는 게 맞아. 정말 나를 위해 순수하게 조언을 해준 사람이 틀림없거든. 어떤 학생은 자신에게 창피를 주려고 맞춤법 지적을 한다며 상상의 나래를 펼치는데, 진짜 창피를 주려면 아예 말을 안 꺼내는 게 맞지. 계속해서 틀리면서 여기저기 많은 사람들 앞에서 꾸준히 망신을 당할 테니까.

맞춤법을 지적하는 상황은 상대방의 이에 낀 고춧가루를 이야기해주는 것과 비슷해. 당시에는 당황스럽고 부끄럽지만 길게 보면 나에게 도움이 되는 거지. 최소한 이 사람 저 사람에게 고춧가루가 낀 이를 내보이는 창피는 피할 수 있잖아. 누군가에게 잘못된 점을 말해준다는 건 정말 쉽지 않거든.

만약에 나의 맞춤법 실수를 다들 쉬쉬하고 넘어가면 어떻게 될까? SNS에다가 "제발 닥달 좀 하지 마!"라며 당당하게 계속 적고 싶은 사람은 아무도 없을 거야. 그러니 실수를 인정하고 고치는 게 훨씬 보기 좋아. 맞춤법을 틀려서 손해를 보는 사람은 결국 다름 아닌 나니까 말이야.

그러니까 누군가 틀렸다고 말하면, '이번에 알았으니까 다음에는 틀리지 말자'라며 담백하게 생각하면 돼. 모르는 건 잘못이 아니야. 이제부터 새롭게 알아가면 되잖아. 그런 지적에 화를 낼 필요가 없고 기분 나빠할 필요도 없어. 우리의 인성이 지적받는 게 아니니까.

시비 거는 게 아니고,
너도 알면 좋잖아

꼭 필요한 맞춤법

책상 앞에서 집중이 안 되면,
당최

미혜가 살이 빠지다니 무슨 영문인지 **당최** 알 수가 없다.

승준이가 하는 말은 무슨 말인지 **당최** 모르겠다.

가끔 《표준국어대사전》이 잘못된 것은 아닌지 의심하게 되는 단어가 있어. '당최'는 '당초에(마땅히 당當 + 처음 초初 + 에)'의 준말인데 한자의 의미를 따져보면 일이 시작한 처음을 뜻해.

실제로는 '도무지(방법이 없네)', '영(마음에 들지 않아)'처럼 '전혀' 혹은 '아무리 해도'의 의미를 지니지. 주로 부정의 뜻이 있는 말과 함께 쓰여. 당최 (알 수가) 없다, 당최 모르겠다처럼 말이야. 읽어보면 발음이 [당췌]로 나니까 사람들이 당췌, 당체, 당채라고 잘못 쓰기도 해. 이렇게 의미와 상관없거나 아무런 개연성이 없는 단어들은 머리로 이해하지 말고 문장에서의 문맥을 충분히 체득한 후에 그냥 외우는 게 좋아. '당최' 이해가 가진 않지만 말이야.

금붕어보다 못한 집중력이라니

몇 년 사이에 교실에서 수업 중에도 돌아다니는 학생들이 하나둘씩 늘기 시작했어. '혹시 저 학생은 ADHD(주의력결핍 과잉행동장애)인가?' 처음에는 걱정이 많았어.

수업이 끝나고 담임선생님께 물어보니 ADHD는 아니라고 하더라. 수업시간에 화장실에 간다는 학생, 집중이 안 된다고 교실 뒤를 돌아다니는 학생, 수업시간과 쉬는 시간 내내 창밖만 쳐다보며 감상에 젖어 있는 학생들이 늘어나고 있어. 그러다 보니 내 잔소리는 점점 늘어가지.

"얘들아, 자리에 좀 앉아 있어! 집중 좀 하자. 응?"

그런데 어느 날 나의 잔소리에 한 학생이 이런 말을 하는 거야.

"선생님, 뭘 하려고 해도 당최 집중이 안 돼요!"

집중한다는 것은 잘 이해하고 잘 보고 잘 기억하기 위해 뇌의 에너지를 하나로 모으는 거야. 집중을 하면 더 빨리 배우고 더 잘 배우고 힘도 덜 들지. 그러면 무슨 일이든 잘 해낼 수 있고 재미도 있어. 그런데 학습 혹은 지적 성장에서 정말 중요한 우리의 집중력이 아주 위험한 수준이라고 하더라.

2015년 글로벌 통계조사 연구소 스태티스틱 브레인에 의하면, 2000년 12초였던 인간의 평균 집중력이 2015년에는 8.25초로 하락했대. 반면 우리가 집중력이나 기억력이 떨어질 때 비유 대상으로 드는 금붕어의 평균 집중력은 몇 초인지 알아? 바로 9초로 예전이나 지금이나 꾸준히 그 수치를 유지해오고 있다는 거지.

이제는 우리가 금붕어의 집중력보다 못한 상황인 거야. 왜 그런지 생각해볼래? 바로 스마트폰으로 각종 자극을 공유하는 시대에 살고 있기 때문이야. 자극적인 매체에 노출이 많이 되어서 조금만 지루해도 집중이 안 되고 딴 생각이 들지. 그러다 길어진다 싶으면 뭐든 그만하고 싶어지고.

그런데 집중력도 습관이거든. 이렇게 집중을 안 하면 정말로 9초 금붕어보다 못한 집중력을 계속 갖게 될 수도 있는 거야. 그러니까 지금의 상태가 습관으로 굳어지지 않게 하려면 정말 여러 노력이 필요한 거란다!

좋아하는 일에서 시작하자

집중력은 타고나는 것이 아니야(그러니 미리 포기하지 마). 꾸준히 반복하면 좋아질 수 있다고 해. 지금 내가 집중력이 약하다는 생각이 들면 그동안 싫어하는 것만 해왔던 건 아닌지 확인해봐야 해. 나도 학창 시절에 교실이 아무리 시끄러워도 내가 좋아하는 과목을 공부하고 있으면 자연스럽게 집중이 되더라고. 너희들도 좋아하는 걸 하면서 집중하는 연습을 해보는 거야. 싫어하는 일 붙들고 고생하지 말고. 그래야 오래 할 수 있어.

기말고사 시험이 한 달 뒤라고 상상해보자. 처음에는 여유가 있다고 생각하며 놀았어. 그러다 보니 2주가 훌쩍 지나갔네. 이제 시험이 2주밖에 안 남았어. 이제 그만 놀고 공부를 해야겠다면서도 또 집중이 안 되는 거야. 그런데 당장 3~4일 뒤가 시험이라면? 아무리 유유자적한 사람이라도 압박감이 느껴지면서 책상 앞에 앉게 되지. 흐릿했던 집중력을 꽉 잡아주는 마법은 바로 이런 시간의 힘에 있어.

뇌 안에는 신경전달물질 노르에피네프린이라는 호르몬이 있는데 이 호르몬이 집중력에 관여한대. 시간 제한을 두면 위험을 감지하는 호르몬 덕분에 집중력이 크게 향상되는 거지. 시험 날짜가 가까워질수록 뇌에서는 이걸 위험으로 감지한다는 거야. '아, 더 이상 노는 건 안 되겠다.' 나의 엉덩이를 책상 앞으로 끌고 가는 게 바로 이런 힘인 거지.

무엇을 하든 계획을 세워두면 제한된 시간을 더욱 알차게 쓸 수 있고 훨씬 더 집중력 있게 과제를 마감할 수 있어. 스스로에게 할 일을 주는 거야.

'오늘은 EBS 문학 시험 범위를 훑어봐야지. 세 시간이면 충분하겠지? 나머지 한 시간은 수학 문제집을 풀자!'

이렇게 하면 집중력이 향상되는 것은 물론, 할 일을 달성했을 때의 성취감이 좋은 경험으로 남는다고 해. 자신감은 내가 할 수 있는 것들을 잘 마치고 나면 생기는 거야. '나는 할 수 있는 사람이구나'라고 생각하면 다음에도 잘하게 된대. 그런 경험들이 쌓이면서 내 집중력도 습관으로 굳혀지지.

적은 것들은 사라지지 않아

학생들에게 독서를 강조하면서 하는 말이 있어. 바로 '적자생존'. 말 그대로 적는 자(적자)만이 살아남을 수 있다는 거지. 책을 읽으면서 중요하다고 생각되는 문장, 기억해두었다가 나중에 써먹고 싶은 문장, 이성 친구 앞에서 혹은 면접관 앞에서 아는 척 좀 하고 싶은 문장을 적고 그것에 대한 자기 느낌이나 생각을 적는 거야.

뭔가를 적어본 적이 없는 학생들이 많다 보니 이런 메모 자체를 시간 낭비 혹은 구식이라며 불평하더라고. 메모를 하면 사소한 행동이 의식적이고 적극적인 행동으로 바뀌고 집중하게 돼. 입으로 하는 말은 금세 사라지지만 그 말을 적어두면 뇌에 전달이 잘되거든. 집중력도 좋아지고 오래 기억할 수 있다는 또 다른 장점도 있어.

실제로 학생들에게 '한 학기 한 권 읽기'를 하면서 독서 메모법을 실행해보자고 제안했을 때 처음에는 불만이 가득이었어. 뭔가를 쓰기가 귀찮고, 게다가 뭘 써야 할지도 고민하더라고. 그래서 딱 네 가지만 써보자고 했어. ① 날짜, 책 제목. ② 좋은 문장 필사. ③ 그 문장을 뽑은 이유. ④ 읽은 부분에 대해서 느낀 점과 실천 항목.

처음에는 질문들이 쏟아졌어.

"선생님 필사(필사는 글을 베껴 쓰는 걸 말해)가 뭐예요?"

"느낌을 어떻게 써요?"

"선생님 느낀 점이 없으면요?"

다들 시작을 어려워했지만 시간이 지나면서 메모하는 독서가 익숙해지기 시작했고 한 학기가 지난 후에는 다들 정말 좋았다고 말하는 거야. 집중해서 책을 읽은 것은 처음이라면서 말이야. 이전에는 책을 읽어도 무슨 내용인지 기억이 안 났는데, 지금은 내용이 머리에 남고 그에 대해서 생각을 해볼 수 있었다고.

꼭 필요한 휴식과 긍정

하나 더 있어. 집중이 안 될 때는 놀아야 해. 공부가 안 되는데 엉덩이를 붙이고 앉아 있으면 효율이 완전히 떨어지거든. 선생님도 글을 쓰다가 '머리가 안 돌아간다' 싶으면 일을 아예 덮고 산책을 하거나 재미있는 책을 펼쳐보고 깔깔거려. 거기에 계속 매달려 있다고 해서 일이 잘되는 건 아니니까.

아무 생각 없이 쉬다 보면 생각지도 못했던 아이디어가 막 튀어오를 때가 있어. 심지어 끙끙대고 있을 때보다 훨씬 좋은 아이디어가 말이야. 그래서 나는 집중력을 높이기 위해서는 휴식이 꼭 있어야 한다고 생각해.

내가 다른 친구들에 비해 집중력이 떨어진다고 낙담할 필요는 없어. 나도 책을 읽을 때 예전처럼 집중하지 못하겠더라고. 사실 뇌는 새로운 자극을 좋아해. 뇌 자체가 집중보다 산만함에 더 끌리는 구조거든. 그러니까 우리가 뭔가를 하려고 할 때 다른 데로 관심을 돌리려는 뇌의 욕구는 당연한 것이지.

하지만 이 상황을 그대로 두면? 당최 집중이 안 된다고 한탄만 하면서 핑계만 대면? 지금은 어떻게 이 순간들을 운 좋게 넘길 수 있을지 몰라도 정말 집중해야 할 때 어려움을 겪게 될 거야. 좋아하는 일을 하면서 집중력을 키우고, 그런 좋은 경험의 반복을 통해 자기를 믿을 수 있게 된다면? 할 수 있다는 긍정의 힘으로 즐겁게 뭔가에 몰두해보자. 집중력은 거기에서부터 시작이니까.

당최

> 부사

(부정의 뜻이 있는 말과 함께 쓰여)
'도무지', '영'의 뜻을 나타내는 말.

당체 무슨 소리인지 모르겠다.(×)

➡ 당최 무슨 소리인지 모르겠다.(○)

내게 온 기회를 움켜쥐려면, 한 움큼

2021년 3월 배우 윤여정 씨가 영화 〈미나리〉로 미국 아카데미 시상식에서 여우조연상을 수상했어. 아카데미 시상식이 개최된 이후 한국 배우로는 최초의 수상이고, 아시아계 여배우 중에서는 두 번째라고 해. 그러나 최초, 두 번째 같은 기록보다 더 빛났던 것은 바로 윤여정 씨의 수상 소감이었어. '다른 배우들보다 조금 더 운이 좋았을 뿐'이라는 겸손을 담은 말에서 그녀가 열연했던 작품들이 하나씩 떠올랐지. '운이 좋아서라고? 말도 안 돼.' 혼자 중얼거렸어. 왜냐하면 그녀는 늘 준비되어 있었거든.

'꾸준함'의 힘

'세렌디피티(serendipity)'라는 말 많이 들어봤지? 바로 우연으로부터 중대한 발견이나 발명이 이루어지는 것을 의미해. 의도하지 않았는데도 뜻밖에 혹은 운 좋게 무언가를 발견하게 되었을 때 쓰는 말이지. 또한 과학 연구에서 실험 도중에 실패에서 얻은 성공적인 결과를 이르는 말로도 많이 쓰여.

이를테면 플레밍이 배양 실험을 하는 도중에 실수로 푸른곰팡이를 혼입했는데, 그것이 감염증으로부터 수많은 사람들을 구해낸 항생물질인 '페니실린'으로 발전했지. 초강력접착제로 시작했으나 우연히 만들어진 3M사의 포스트잇 메모지도 그 예고. 페이스북을 만든 마크 저커버그도 자신의 성공을 세렌디피티라고 했어.

대부분 세렌디피티를 우연이라고 말하지만, 실제로 이런 과정들은 수없는 노력이 이루어낸 합당한 결과물이었어. 그러니까 어떤 예상치 못한 만남이나 정보가 주어졌을 때 낙담하고 포기하면 세렌디피티를 만날 수 없어. 무엇이든 거기에서 멋진 결과를 얻으려면 준비가 되어 있어야 해. 자기가 좋아서 꾸준히 관찰하고 공부한 사람들은 기회가 왔을 때 열심히 달려온 과정을 지렛대로 활용하는 능력이 뛰어난 거야. 결코 느닷없는 운이 아닌, 어쩌면 준비된 우연인 것이지.

윤여정 씨는 자신의 수상을 운이 좋아서라고 말했지만, 그는 자신에게 주어진 역할에 최선을 다했고 매년 한두 개의 작품에 꼬박꼬박 출연할 만큼 성실했어. 갑자기 윤여정 씨의 인생에 아카데미 여우조연상이 툭 떨어진 것은 아니라는 거지. 지금까지 다양한 작품에 출연하면서 노력했기 때문에 좋은 평가도 받을 수 있었던 거야.

그런데 이 과정에는 늘 '꾸준히'가 찰싹 달라붙어 있거든. 주위를 둘러봐. 꾸준히 블로그에 글을 올리면서 책을 출간하게 된 사람. 요가를 꾸준히 하다 보니 자격을 갖추고 트레이너가 되었다는 사람. 자신이 좋아하는 인테리어에 관심을 갖고 꾸준히 소개하다 보니 어느새 구독자가 엄청난 유튜버가 되었다는 사람. 이들의 공통점은 바로 '꾸준히'야.

나를 알아야 시간도 움켜쥘 수 있어

그렇다면 어떻게 꾸준히 할 수 있을까? 학교를 마치 자신의 집처럼, 교실의 책상을 침대처럼 생각하는 학생들이 있어. 이 친구들이 계속 잠만 자는 건 아니야. 가끔 깨워서 뭘 했냐고 물어보면, 자신이 좋아하는 것을 해볼 시간이 밤밖에 없어서 자지 못했다고 말하는 친구들이 있어.

학교는 모두의 라이프사이클을 존중하지 않아. 대부분 아침 일찍 등교하고 저녁에 하교하다 보니 학생들은 반강제적으로 아침형 인간이 되어야 하지. 나도 밤에 집중이 잘되는 저녁형 인간이라서 학교에서 많이 졸았어.

누구에게든 자신에게 맞는 시간이 있어. 그게 언제인지 알려면 자신에 대해 잘 파악해야겠지. 그것을 잘 알고 잘 활용하는 사람은 시간을 움켜쥘 수 있다는 거지. 그렇게 한 움큼, 두 움큼 움켜쥐는 시간들이 모이면? 바로 앞에서 말한 '꾸준히'가 되는 거야.

뭉키는 게 아니라 움키는 것

다음 문장을 한번 볼까? '내게 온 기회를 한 움큼 움켜쥐려면.' 곱씹어 읽다 보면 조금 어색하지 않니? 맞아, '한 움큼'과 '움켜쥐려면'은 발음도 비슷한 부분이 있고, 의미도 비슷해 보여서 자연스럽게 느껴지지 않을 수 있어. 그런데 일부러 중복되게 쓴 이유는? 둘을 엮어서 기억하면 절대 틀리지 않기 때문이야.

'청소기에서 고양이 털이 한 움큼 나왔다'를 읽어볼래? 여기서 우리가 신경 써서 읽어야 할 부분은 바로 '움큼[움큼]'

이야. 왜냐하면 평소에 우리가 '웅큼'으로 쓰고 읽을 때가 더 많거든.

움큼은 손으로 한 줌 움켜쥘 만한 분량을 세는 단위로 수량을 나타내는 말에 의존해서 쓰는 의존명사야. 관형사(체언 앞에 놓여서 그 체언을 꾸며주는 역할을 하는 단어) '한'과 의존명사(자립성이 없어 관형어의 꾸밈을 받아야만 쓰일 수 있는 명사) '움큼'이 결합한 구(두 개 이상의 단어가 모여서 이루어진 것)이기 때문에 '한 움큼'으로 띄어 적는 게 맞지.

'움큼'은 '움키다'에서 비롯된 말인데 '움키다'는 ① 손가락을 우그리어 물건 따위를 놓치지 않도록 힘 있게 잡다, ② 새나 짐승 따위가 발가락으로 무엇을 꽉 잡다라는 의미를 가지고 있어. 그래서 '웅큼'인가, '움큼'인가가 헷갈릴 때에는 이 말이 어디에서부터 온 건지 머릿속으로 떠올리면 돼. 그리고 한 움큼을 움켜쥐는 모습도 함께 떠올리면 더 쉽겠지. '움켜쥐다'를 '웅켜쥐다'와 헷갈리는 사람들은 많지 않으니까.

의미가 중복되어 어색하게 느껴지더라도 '모래 한 움큼 움켜쥐었다'처럼 함께 외워두면 절대 틀리지 않을 거야. 비슷한 말로 '줌'도 있어. '주먹'의 준말로 수량을 나타내는 말 뒤에 들어가서 한 손에 쥘 만한 분량을 세는 단위로 쓰이지. 줌과 움큼 모두 비슷하게 사용된다는 거 잊지 마.

배우 윤여정 씨가 출연했던 영화 〈미나리〉의 소재가 된 '미나리'는 다른 요리에 곁들였을 때 더욱 빛을 발하는 식재료야. 미나리가 없는 해물탕이나 대구탕은 상상할 수도 없거든! 게다가 겨울의 혹한을 견뎌낸 미나리가 맛도, 향도 좋다고 해.

나는 너희들이 혹한을 견뎌낸 향 좋은 미나리 같은 사람이 되었으면 좋겠어. 추운 겨울을 잘 이겨내면서 더 단단해지고 향긋해지고 자신만의 향을 갖게 되는 사람. 자신의 시간을 움켜쥐고 꾸준히 무언가를 위해 노력하다 보면 남들이 흉내낼 수 없는 독보적인, 그러면서 세상에 꼭 필요한 사람이 될 수 있지 않을까?

움큼

의존명사

손으로 한 줌 움켜쥘 만한 분량을 세는 단위.

내게 온 기회를 한 웅큼 웅켜쥘 거야.(×)

➡ **내게 온 기회를 한 움큼 움켜쥘 거야.**(○)

혼자일 때만 만날 수 있는 것,
일부러

학기 초에 진로독서 수업을 시작할 때 학생들의 독서 성향을 파악하기 위해 설문지를 나눠줘. 어떤 꿈을 가지고 있는지, 어떤 분야에 관심이 있는지 독서 성향을 조사하려는 거지. 그걸 내가 알고 있으면 학생이 부끄러워서 쭈뼛대더라도 먼저 나서서 원하는 분야의 책을 추천할 수 있거든.

점심시간마다 만화책에 푹 빠져 있던 학생. 분야에 상관없이 매일 책을 빌려가서 책을 읽던 다독가 학생. '체육 시간이 아니면 죽음을 달라'며 체육 수업만큼은 진심으로 대하던 학생 등. 이들이 어떤 책을 좋아하고 어떤 진로에 관심이 있을지 기대감이 충만해져서 설문지를 넘겼지. 그런데 정말 많이 놀랐어. 설문지에는 어떤 관심사를 갖고 있느냐는 문항이 있었는데, 거기에 대한 답변이 대부분 비슷했어.

'뭘 좋아하는지 모르겠다.' '하고 싶은 게 없다.'

외로움이 우리 삶에 꼭 필요할까?

예상하지 못했던 결과는 아니었어. 어릴 때부터 중학교와 고등학교 때까지 미래를 열심히 고민하고, 자기의 꿈에 대한 확신을 가지고 그 길을 걸어온 사람은 별로 없거든. 이건 너희들만의 고민은 아니야. 미국의 작가 마크 트웨인도 이런 말을 했대.

'인생에서 가장 중요한 날이 이틀 있다. 첫 번째 날은 내가 태어난 날이고 두 번째 날은 내가 이 세상에 왜 태어났는지 그 이유를 알게 되는 날이다.'

자기 진로를 정하는 건 정말 어려운 일이야. 진로 결정은 인생에서 가장 중요한 일 중 하나니까. 내가 고3이었을 때에도 별반 다르지 않았어. 그러니 너희들의 무기력을 보며 쉽게 비난도 못 하겠어.

그때 나도 스스로에게 질문해봤어. '내가 내 미래에 대한 진지한 고민을 했을 때가 언제였지?' 나는 수능시험을 제대로 망치고 재수를 했었어. 그때 도서관에서 1년 동안 혼자 공부를 했거든. 내 미래에 대해 진지하게 접근한 것은 그때가 처음이었어. 혼자 있는 시간들이 나에게 많은 걸 생각하고 고민할 수 있게 만들었던 거지.

학교를 다니는 동안에는 항상 어딜 가든 친구와 함께했거든. 친구가 없는 삶은 상상도 못 했기 때문에 혼자 있는 상황에 대한 불안감이 클 수밖에 없었지.

그런데 재수를 위해 공부해야 할 때는 혼자일 수밖에 없었어. 처음엔 엄청 괴로웠지. 도서관 식당에서 밥도 못 먹어서 하루 종일 굶다가 과자나 초콜릿으로 배고픔을 참았어. 혼자 있는 것이 조금씩 익숙해지고 나니 잘 몰랐던 감정들을 만나게 되더라. 그러다 보니 내 마음의 소리에 귀 기울일 수 있게 되었지. 그런 감정들을 토대로 나를 다듬어갈 수도 있었어.

혼자 있는 시간은 모두 미래와 연결되어 있더라. 무엇을 하고 어떻게 살아야 할지를 알아가기 위해 먼저 내가 원하는 것을 알아야 하더라고. 친구들과 있을 때는 잘 들리지 않던 나의 목소리가 혼자 있을 땐 잘 들렸어. 나를 성장시킬 수 있는 힘이 바로 여기에 있다는 걸 알게 되었지.

'제 인생은 망했어요'라고 무시해버리기엔 우리의 인생이 너무나 길다는 거 알지? 100세 이상 살지도 모른다는 말이 들리는데, 여기서 포기해버리면 남은 시간이 너무 괴로워지는 거야. 그러니 내가 어떤 쪽에 관심이 있고 무엇을 좋아하는지에 대한 생각은 가지도록 노력해야 해. 그런 생각을 갖기 위해서는 '일부러' 혼자만의 시간을 갖는 게 필수고.

나중에 내 꿈이 바뀌면 고민했던 시간이 낭비처럼 느껴질 수도 있을 거야. 그런데 나를 알아가는 그런 시행착오는 시간 낭비가 아니더라고. 축적된 다양한 경험은 나에게 선택권을 갖게 할 수 있는 힘이 되니까.

혼자가 만든 위대한 결과

'일부러'라는 단어의 의미를 알고 있어? 이 단어에는 두 가지 의미가 있대. 첫 번째는 '어떤 목적이나 생각을 가지고 또는 마음을 내어 굳이' 실행하는 것을 의미해. 지금처럼 내가 일부러(굳이) 혼자 있는 시간을 만들면 미래에 대한 고민에 도움이 될 수 있다고 말할 때의 의미와 상통하는 거지. 두 번째는 '알면서도 마음을 숨기고'라는 의미야. 내가 학생들의 거짓말을 뻔히 알면서도 저러다 말겠지 하고 '일부러 눈감아 줄 때' 사용하지.

간혹 '일부로'라고 쓰는 친구들도 있어. 이 말은 강원, 경상, 전라, 충청 지역의 방언이래. 이렇게 넓은 지역의 방언이다 보니 헷갈리는 경우도 있을 거야. 자꾸 쓰다 보면 익숙해지니까 눈도장 찍어두면 좋겠어.

'일부로'가 전혀 쓰이지 않는 것은 아니야. '일부(일부분)' 가 '-로(부사격 조사)'와 만나 '일부분으로'의 뜻으로 쓰이기 도 해. 예를 들면 '휴대전화 요금은 내 용돈의 일부로 지불해' 라든지 '저 아이패드는 내 세뱃돈의 일부로 샀어'라든지 말이 야. 굳이 마음먹고 실행한다는 의미라면 '일부러'를 쓰는 게 맞아.

조선시대에 살았던 송강 정철은 귀양살이를 하면서도 〈사미인곡〉 같은 역사에 길이 남을 가사들을 썼어. 다산 정약 용도 유배지에서 18년 동안 무려 500여 권의 책을 썼는데, 양만 방대했던 것이 아니라《목민심서(지방의 수령이 지켜야 할 도리를 적은 책)》,《경세유표(제도의 개혁 원리와 방안을 담은 책)》, 《흠흠신서(형벌의 운영에 관한 책)》 등 분야도 다양했지.

그들은 외로움 속에서도 자신만의 세계를 구축하며 또 다 른 새로운 삶을 일궈냈지. 혼자 있는 것은 외롭고 비참한 아 싸(아웃사이더를 일컫는 신조어)의 시간이 아니라 우리에게 새 로운 기회를 주는 의미 있는 시간이 될 수 있는 거야. 그러니 까 우리에게는 혼자 있는 시간이 꼭 필요하고 중요하다는 걸 잊지 마.

보여주기 위한 인간관계는 이제 그만

친구들이 친하게 지내자고 다가오는데 "됐어, 난 혼자가 될 거야"라며 구석으로 가서 '일부러' 혼자이기를 자처하라는 말이 아니야. 혼자만의 시간이 필요하다면 그 시간을 허락해줄 수 있는 마음의 여유를 가지라는 거지.

주변에는 혼자 있는 데 방해가 되는 환경이 너무 많지 않아? 크게 용건도 없이 계속 울려대는 문자 알람, 나도 모르게 계속 들어가서 다른 사람의 일상을 보게 만드는 SNS 등등 말이야. 이런 경우에 나에게 집중하기란 너무 힘들지. 다른 사람을 계속 신경 쓰고 '좋아요'나 하트를 눌러줘야 할 것 같으니 말이야. 그래서 나는 '일부러' 인맥 다이어트를 해. 한번 SNS 친구 목록을 훑어봐. 스크롤바가 끝없이 내려가는데 '선뜻 연락하기엔 너무 먼 당신'이 너무 많지 않아? 그런 사람들과의 관계를 정리하는 거야.

처음에는 무척 불안했어. SNS 속 친구의 숫자가 내 인간관계를 보여주는 것 같고 사회생활을 잘하고 있다는 증거 같았거든. 그런데 남에게 '보여주기' 식의 관계보다 나 스스로와의 관계에 충실하자는 생각을 했지. 이제 '좋아요'나 하트를 눌러주는 사람은 줄어들었어. 시간이 지나자 쓸데없는 관계에 휘말려 스트레스받을 필요도, 시간을 낭비할 필요도 없으니 너무 좋았어. 게다가 진짜 친구들을 지킬 수 있었지. 채팅이나 하면서 시간을 보내는 대신 나에게 집중하기 시작했어. 책을 읽고 좋아하는 영화를 보고 가끔은 피아노를 쳤지.

다른 사람의 인생을 훔쳐보고 비교하고 불행해할 시간에 나 스스로가 행복한 것들을 하나둘씩 해나갔던 거야. 그랬더니 삶이 너무 행복하고 풍성해지는 거야. 이처럼 나에게 집중한 때가 있었을까 싶더라고.

김영하 작가도 산문집 《말하다》에서 비슷한 이야기를 해. 친구들과의 우정이 전부일 것 같지만 현실적으로는 위로나 기쁨이 되기보다 강압적인 관계가 될 수 있다고. 그보다는 자기 자신의 취향에 귀 기울이고 영혼을 좀더 풍요롭게 만드는 게 더 중요하다고. 친구들은 모두 '인싸(인사이더를 일컫는 신조어)'의 삶을 동경하고 부러워하지만 나의 미래와 지금 내 삶의 만족을 위해서는 일부러 혼자가 되는 연습이 필요해. 그러기 위해서는 먼저 무의미한 관계에 대한 신경을 끄는 연습이 필요하다는 것을 잊지 마!

일부러

부사

① 어떤 목적이나 생각을 가지고. 또는 마음을 내어 굳이.

② 알면서도 마음을 숨기고.

내 꿈을 찾기 위해 <u>일부로</u> 혼자 있는 시간이 필요하대.(×)

➡ 내 꿈을 찾기 위해 <u>일부러</u> 혼자 있는 시간이 필요하대.(○)

어려도 사랑할 수 있다고, 십상

이렇게 게임만 하다가는 시험 망하기 (쉽상/십상)이야.

바쁜 연예인들은 끼니를 거르기 (쉽상/십상)이야.

어떤 게 맞을까? 정답은 바로 십상이야. 십상(十常)은 십
중팔구(十中八九)와 같은 뜻인 십상팔구(十常八九)의 준말로,
'열에 여덟이나 아홉은 그렇게 된다'라는 의미를 갖고 있어.
즉 '-하기 쉽다'는 의미로 쓰이고 '-하기 십상이다'와 같은
꼴로 쓰여. '-하기 쉽다'는 말이 익숙한 탓인지 '쉽상'으로 잘
못 유추해서 쓰는 경우가 많아. '십중팔구'는 익숙한데, '십상
팔구'는 조금 낯설다 보니 일부 언론에서도 심심치 않게 틀리
더라고. 누구나 틀리기 '십상'인 표현이니까. 십상팔구를 의
식적으로 떠올리면서 쓰다 보면 헷갈리지 않을 거야.

다들 들어본 엄마들의 거짓말

"밥 다 됐다, 얼른 나와서 먹어!"

– 막상 주방으로 가면 식탁에는 아무것도 없고 이제야 국이 끓고 있지.

"세뱃돈 엄마 줘. 엄마가 나중에 돌려줄게."

– 돌려받았다는 친구를 본 적이 없어.

"솔직하게 말하면 다 용서해줄게."

– 이 말을 믿고 다 불었다가 더 크게 혼난 적 많지?

다들 들어본 엄마들의 거짓말이야. 이런 거짓말 가운데에
서 정말 바뀌지 않는 부동의 거짓말 1위는 "대학 가면 살 빠
져! 남자 친구도 저절로 생긴다니까("대학 가면 예뻐져"라는 다
른 표현도 있고)"라고 할 수 있지. 대학에 입학해서야 엄마의
말이 거짓말이라는 사실을 알았지. 대학은 인생의 중요한 문
제를 해결해주는 곳이 아니었어. 살이 빠지기는커녕 오리엔
테이션이니 학과 엠티니 하면서 밤늦게까지 먹고 마시느라
체중은 계속 늘어났어. 내가 좋아하는 사람은 나를 좋아하지
않는다는 슬픈 사실도 알게 됐고.

부모님이 이런 말씀을 하시는 이유는 이해가 돼. 한창 자
라야 할 때 다이어트를 한다고 굶게 되면 건강에 좋지 않지.

또 이성 교제를 하다가 너무 빠져들어서 공부와 멀어지기도 하고 돌이킬 수 없는 실수를 저지르는 경우도 많거든.

학생 때부터 청소년들의 이성 교제를 반대하는 의견에 대해 촌스럽다고 생각했어. 선생님이 되었을 때는 난 신세대 선생님이니까 이성 교제에 대해 학생들에게 좋은 말을 많이 해 줘야겠다고 다짐했지. 대학에 가면 살도 빠지고 남자 친구도 생긴다는 엄마의 말에 배신당해서였을까. 청소년기에 다양하고 많은 경험을 하면 이성 간의 대인관계도 무난해진다고 생각했어. 또 좋은 이성 친구를 잘 만나면 공부하는 데에도 도움이 될 수 있다고 생각했지.

그래서 서로 다른 성별과 잘 어울릴 수 있기 위해 이성 교제도 괜찮다고 생각했던 거야. 그런데 학교 현장에서 무분별한 이성 교제의 민낯을 만나면서 부모님들이 했던 걱정이 마음에 와 닿았어. 왜냐하면 이성 교제에는 대형 사고가 따르기 십상이더라고.

만 13.6세, 결과에 책임을 질 수 있을까?

언젠가 〈공부가 머니?〉라는 프로그램에 교육 독서 부문의 패널로 출연한 적이 있었어. 유명한 농구 선수의 가족이

출연했는데, 거기서 딸을 사랑하는 아빠의 고민이 바로 '공부보다는 연애에 관심이 많은 두 딸'이었지. 그리고 SNS에서 이루어지는 연애에 대한 고민도 함께 말이야. 나는 학교에서 일어나는 이성 교제에 대해 다른 패널들과 이야기를 나누다가 한 통계 자료를 꺼내 들었어.

"2018 청소년 성관계 경험에 대한 설문조사에 따르면요, 전체 학생 중 5.7%가 성관계 경험이 있다고 해요. 혹시 청소년들이 이성 교제로 성관계를 시작한 나이가 평균 몇 살일 것 같으세요?"

"글쎄요, 성관계라니, 전혀 예상이 안 되는데요."

"만 13.6세라고 합니다."

출연자들 사이에는 한동안 적막이 흘렀지. 나도 학생들이 하는 말을 슬쩍 들으면서 성관계를 경험하는 시기가 빨라졌다고 추측만 했지, 직접 수치를 확인한 적은 없었거든. 만 13.6세가 평균이란 이야기는 그것보다 더 빠른 아이가 있다는 의미이기도 하니까. 그래서 더 심각하게 느껴질 수밖에 없었지.

'성관계는 나빠, 반대'라고 외치는 건 아냐. 너희들이 충동이나 호기심만으로 그런 성관계를 맺게 되는 것 같고, 무엇보다 그 결과에 대한 책임을 질 수 없는 나이니까 걱정스러운 거지. 게다가 이런 이성 교제가 학교나 학원뿐 아니라 SNS에서도 활발하게 진행되고 있더라고. 다양한 방법으로 이성 교제가 이루어지면서 디지털 그루밍(상대의 동의 없이 신체를 촬영하여 유포, 협박, 전시하는 것처럼 사이버공간이나 미디어 등에서 자행하는 성적 괴롭힘) 같은 성범죄에도 노출되기 십상이고.

답이 없기 때문에 더 고민해보기

한 초등학교 5학년 교실에서 초중등학생의 이성 교제가 토론 주제가 되었대. 요즘은 초등학교 고학년만 되어도 서로 사귀기로 하고 커플 반지를 주고받는 시대니 초등학생들의 이런 토론이 낯설지만은 않지.

찬성 의견을 보자.

"미리 사귀면 나중에 결혼할 때 좋은 경험이 된다."

"언제부터 이성 교제를 해야 한다고 법에 정해진 게 아니기 때문에 언제든 원하면 이성을 사귈 수 있다. 우리나라는 자유 민주주의 국가이기 때문이다."

"이성 교제를 하면 서로에게 잘 보이고 싶어서 공부를 더 열심히 하게 된다."

어느 정도 예상 가능한 이야기들이지? 이성 교제에 대해 사회적인 시선이 관대해져서 초등학생들의 토론에서 찬성 쪽이 더 많을 거라고 생각했는데 실제로는 반대쪽 의견이 훨씬 많았다는 거야. 그리고 그 의견들이 엄청 생각이 깊고 진짜 성숙미가 넘쳤대.

반대 의견도 보자.

"학생 때는 학생의 본분인 공부나 학업에 충실해야 한다."

"당장의 행복보다는 미래가 더 중요하고, 미래가 행복하기 위해서 지금은 공부를 해야 하는데 이성 교제는 학업에 방해가 된다."

이것도 예측 가능한 말이겠지만, 나는 반대 의견 중 하나였던 이 말을 꼭 하고 싶어.

"TV 드라마에서처럼 이성 교제의 도가 지나쳐서 임신하는 경우도 있고, 원치 않는 아이를 출산해서 아기가 버려지는 것도 보았다. 이런 상황으로 자살을 하는 경우도 많았다."

이성 교제 자체가 나쁜 건 아니야. 찬성하는 친구들처럼 사람을 사귀다 보면 누가 나에게 좋은 사람인지 판별할 수 있고, 그러면 좋아하는 사람을 만날 수 있기도 해.

이성 교제는 장점이 많지만 성과 관련된 문제들이 발생하기도 해. 좋아하는 마음이 깊어지면 손도 잡고 싶고, 사랑을 확인한다면서 키스도 하게 되거든. 그렇게 호기심이 커지면

성관계로까지 이어지는 경우도 있어. 준비되지 않은 호기심
이 서로의 인생을 바꿔버릴 수 있는 거지. 잠깐의 시행착오가
많은 책임과 아픔을 가져올 수 있다는 게 무서운 거야.

선을 넘지 않도록

연애하는 학생들에게 "학생이 공부는 안 하고 연애질이
야?"라고 말하면 꼰대 소리를 들어. 잔소리라고 생각하기 때
문에 말에 그다지 설득력도 없지. 그래서 나는 이성 친구와
의 성관계에 대해 학생들과 토론하고 싶을 때에는 이 두 책
을 건네. 이성 교제의 위험성에 대해서 스스로 생각해볼 수
있도록. 〈공부가 머니?〉에서 이성 교제에 관심이 많은 자매에
게 독서 해법으로 제시했던 책도 바로 《키싱 마이 라이프》와
《쥐를 잡자》였어.

《키싱 마이 라이프》는 평범한 열일곱 살 소녀 하연이와
그 남자 친구 채강이가 어느 날 와인을 기분 좋게 나눠 마시
고 분위기가 달아오르자 술김에 실수를 저지른 후에 일어난
이야기를 담았어. 하연이는 임신이라는 결과를 확인하고 낙
태수술을 하려고 했는데 그런 과정에서 부모님이 알게 될까
봐, 불법이라서 망설이다가 낙태 시기를 놓치게 돼. 아기의

초음파 사진을 보고는 죄책감에 아기를 낳기로 결정하고 미혼모 보호 시설에 들어가 출산하지. 이 책에는 축복받아야 할 과정에서 겪었던 외로움과 힘듦이 그대로 드러나 있어. 그리고 출산 이후에도 사회가 미혼모를 바라보는 시선을 이겨내는 데에는 큰 용기가 필요하다는 것도 책을 읽다 보면 자연스럽게 알게 되지.

《키싱 마이 라이프》가 아기를 끝까지 포기하지 않고 책임지려는 과정을 담았다면《쥐를 잡자》는 반대의 이야기야. 주인공인 진주홍은 어느 날 자기 배 속에 쥐(아기)가 있다는 것을 알게 돼. 하지만 주홍이는 엄마가 미혼모였기 때문에 어려서부터 세상의 시선을 알고 있었어. 그래서 임신한 순간부터 아이를 기를 자신이 없었지. 자신이 앞으로 감당해야 할 책임이 너무 무서웠기에 입술을 깨물고 주먹으로 배를 세게 치기도 하지만, 결국 쥐는 사라지지 않았고 스스로 삶을 포기하는 선택을 하게 돼.

너무 극단적이라고? 하지만 이 두 책을 읽으면 '이성 교제'나 '학생들의 성관계'에 대한 강력한 깨달음과 간접 경험을 얻을 수 있을 거야. 한순간의 충동이나 욕망으로 인해 갖게 되는 막중한 책임에 대해서도 생각하게 되고. 두 친구의 다른 선택과 사회가 내비치는 시선에 대해서도 여과 없이 살펴볼 수 있겠지. 내 이야기가 아니니까 더 객관적으로 바라볼 수 있을 테고.

나는 너희들이 서로를 소중히 여기는 이성 친구의 관계가 되었으면 좋겠어. 상대방을 존중하고 배려하고, 그리고 행동에 대한 책임을 질 수 있는 그런 관계 말이야. 성은 단순한 흥밋거리나 충동의 대상이 아니라는 점도, 선을 넘지 않도록 늘 마음속에서 참아야 한다는 것도 잊지 말자고.

십상

명사

열에 여덟이나 아홉 정도로 거의 예외가 없음.

이성 교제는 자칫하면 책임질 수 없는 상황이
생기기 쉽상이야.(×)

➡ 이성 교제는 자칫하면 책임질 수 없는 상황이
생기기 십상이야.(○)

아싸보다 인싸가 되고 싶어,
낳다와 낫다

나	나 감기 걸려서 오늘 학원 못 가.
남자 친구	헉. 어쩌다가. 빨리 낳아.
나	어…(1차 당황. '실수겠지?'라고 생각함). 그래. 고마워(우선은 고맙다고 하고 넘어가려고 함).
남자 친구	어휴. 내가 맘이 아프다. 내가 아픈 게 낳지. 얼른 쉬어. 다 낳으면 맛있는 거 사줄게 먹으러 가자.
나	휴…(이쯤 되면 멀어지고 싶은 마음).

너무 쉬운데 틀리면 분위기를 묘하게 만드는 단어가 있어. 바로 '낫다'와 '낳다'. '에이, 저거 틀리는 사람이 어디 있어?'라고 생각하는 사람들도 있겠지만 꽤 많은 사람들이 자기도 모르는 사이에 저 단어를 틀려. 상대방은 위 대화의 '나'

와 같은 마음으로 '실수일 거야!' 하면서 잠자코 있겠지. 그렇지만 계속 반복해서 틀리면 정말 멀어지고 싶은 마음이 들지도 모르지. 도대체 왜 실수하는지 우선 두 개의 뜻부터 알아볼까?

네 맞춤법 상태가 더 나아지면 같이 밥 먹으러 갈게

'낳다'는 ① 배 속의 아이, 새끼, 알 등을 몸 밖으로 내놓다, ② 어떤 결과를 이루거나 가져오다라는 의미를 가지고 있어. '오랜 진통 끝에 4킬로그램이 넘는 우량아를 낳았어.' 이 문장은 ①의 예에 해당해. '지나친 욕심이 결국 불행을 낳았지'의 '낳았지'는 ②의 의미에 해당하지.

예문에서 보듯이 '낳다'는 생산이나 출산, 제조 등 만든다의 의미를 가지고 있어. 그리고 이건 나만의 방법인데 '낳'의 종성에 있는 'ㅎ'이 마치 알을 낳아 품고 있는 동물의 모습을 연상시키지 않아? 예전에 나는 헷갈릴 때 그렇게 외웠거든. 그 이후론 절대 틀리지 않았어.

그렇다면 '낫다'에는 어떤 뜻이 있을까? ① 보다 더 좋거나 앞서 있다, ② 병이나 상처 따위가 고쳐져서 본래대로 되다 등의 의미가 있어. '1학년 때 선생님이 2학년 때 선생님보다 더 낫다'는 문장은 '비교'의 의미이기 때문에 ①의 예에 해당해. '병이 씻은 듯이 나았다('낫다'의 과거형)'처럼 치료의 의미로 사용될 때에는 ②의 의미를 가진다고 생각하면 돼.

게다가 발음은 완전히 다르단 말이지. '낳다'는 ㅎ과 ㄷ이 만나서 ㅌ이 되기 때문에 [나:타]로 발음하고 '낫다'는 ㅅ과 ㄷ이 만나서 ㄸ이 되기 때문에 [낟:따]로 발음하니까. 이 말인즉슨 조금만 신경 쓰면 절대 틀리지 않을 단어라는 사실. 이번 기회에 정확하게 구분해두자고.

아싸보다 인싸가 더 낫다고 누가 그래?

"축구도 잘하고 성격도 좋고 친구도 많고. 쟤는 진짜 '인싸'예요" 하며 부러움이 가득한 눈빛으로 '인싸'를 동경하는 학생이 있었어. 그래서 가까이에서 그 학생을 오랜 시간 지켜보니까 자신이 부러워하는 '인싸'라는 친구보다 훨씬 잘 놀고, 주변에도 친구가 많은 거야. 걱정할 일이 없더라고.

그런데 왜 그 친구는 자신을 '아싸'라고 생각하고, 자신의 삶이 '인싸'보다 못하다며 부족함을 느끼는 것일까?

MBTI라는 성격유형 검사를 하면 네 개의 알파벳으로 성격의 성향이 결정돼. 맨 처음 시작되는 알파벳은 E나 I, 두 가

지밖에 없어.

E는 심리 외향성을 뜻하는 Extroversion, I는 심리 내향성을 뜻하는 Introversion이지. 우리는 외향적이고 싶어 해. 그리고 내향적 성격이라고 하면 소심하고 용기 없고 부끄러움 많이 타는 그런 성격을 떠올리잖아. 이건 하나의 특징일 뿐이야. 생각과 감정이 '나 자신(주체)'을 향하면 내향인 것이고, '나 이외의 외부 대상(객체)'을 향하면 외향적이라는 차이만 말하는 거지. 절대 기질적인 우월성을 나누는 말이 아니라는 거야.

난 이 말을 듣고 무릎을 탁 쳤어. 나는 어떤 결정을 할 때 내 마음의 소리보다 다른 사람들의 목소리에 귀를 기울이려고 노력했거든. 그러니 생각과 감정이 객체에 가 있는 거지.

반대로 어떤 결정을 할 때, 내 마음을 충분히 반영하는 사람들은 다른 사람의 눈치를 보기보다는 원하는 것을 해내기 위해 노력하는 자존감이 높은 사람이라고 볼 수 있어.

그러니까 외향적이라고 으쓱할 필요도, 내향적이라고 소심하게 있을 필요도 없는 거야. 서로 비교하기보다는 각자 자신의 성향 그대로를 인정하는 게 중요한 거니까.

나를 더 멋지고 그럴듯하게 보여주고 싶은 마음

친구 외에 우리에게 영향을 주는 것으로는 SNS가 있어. 그곳에 가면 나만 빼고 다 행복한 것 같지. SNS는 정말 자기를 보여주기 위한 공간이거든. 나쁘게 말하면 자기 과시의 경쟁터, 좋게 말하면 자기 일상을 기록하며 노는 놀이터 같은 공간이지. 그저 나를 더 멋지고 그럴듯하게 보여주고 싶은 사람들의 욕구가 모여 있는 곳인 거야.

나는 SNS를 책상이나 방 정리를 깨끗이 하고 나서 뿌듯한 마음을 남들에게 드러내는 곳이라고 생각해. 열심히 피아노를 치며 연습한 곡을 사람들에게 알리며 인정받고 싶은 마음을 드러내는 곳이기도 하고. 멋진 카페에서 예쁜 옷을 입고 사진을 찍거나, 자신이 가진 것을 자랑하고 싶을 때도 마찬가지야.

SNS는 사람의 모든 것을 보여주지는 않잖아. 사진으로 찍힌 그 순간이 항상 계속되는 것은 아니니까, 그래서 더 기록하고 싶은 마음이라고 생각하면 어떨까? 그러면 그 사람의 마음을 이해할 수 있게 되고 부러움, 질투, 경쟁심 같은 건 조금 접어둘 수 있을지도 몰라. 우리도 매일이 행복한 건 아니고, 늘 좋은 일이 있는 것도 아니지만 가끔 남들에게 보여주고 싶은 부분만 골라내서 올리잖아. 다들 그런 거지.

인정받고 주목받고 싶은 마음이 나쁜 욕구는 아니라고 생각해. 나 자신을 쓸모없다고 자책하는 것보다는 훨씬 건강한 마음인 거지. 그러니까 그 사람의 인생은 그런가 보다 하고 담백하게 인정하고 다른 사람의 SNS를 보면서 인생의 모든 우울감 같은 건 얻어오지 마. 서로 적당히 잘난 척하고 과장하면서 가볍게 소통하는 가상의 공간이니까. 그러니까 부러워하고 질투하고 비교하는 데 내 에너지를 쏟을 필요는 없는 거야. SNS만 보면서 더 나은 인생이라고 결론지을 수도 없는 거고.

우리는 서로 자신에게 없는 것들을 보면서 부러워해. 내가 가진 게 많으면 남과 비교도 안 하고 자신감을 갖고 살 것 같지만 아무리 많이 가져도 나보다 더 가진 사람을 보면 부족하고 불행하다고 느끼는 게 인간이니까. 그러니 내 일상에서 만족감을 찾아보자. 마음을 굳게 먹고 중심을 잘 잡고 있어야 비교하지 않고 흔들리지 않을 수 있어!

낳다와 낫다

낳다

동사

① 배 속의 아이, 새끼, 알을 몸 밖으로 내놓다.

② 어떤 결과를 이루거나 가져오다.

낫다

동사

① 보다 더 좋거나 앞서 있다.

② 병이나 상처 따위가 고쳐져 본래대로 되다.

앞으로 더 낳은 사람이 되고 싶어.(×)

➡ 앞으로 더 나은 사람이 되고 싶어.(○)

선한 영향력과 참견을 구분하기,
오지랖

    학교에서 '한 학기 한 권 읽기' 수업을 진행할 때였어. '한 학기 한 권 읽기'는 학생들과 수업시간을 활용해서 각자 관심 있는 분야의 책들을 매 시간 조금씩 읽으면서 한 학기 동안 완독하는 '독서' 수업이야. 같은 책을 읽고 토론을 할 수도 있고, 서로 다른 책을 읽고 학기 말에 친구들 앞에서 '북(book) PT'를 하며 자신이 읽은 책을 소개하고 감상을 전할 수도 있지. 하지만 모두가 예상하듯 학생들은 별로 달갑게 생각하지 않았어. '당장 시험이 코앞인데 독서?'라는 마음이 가장 컸을 거야.

    책만 펴면 잠이 와서 공부를 할 수 없다고 고통을 호소하는 학생들이 많았지. 학생들의 고민에 맞게 책을 추천해주고 싶어서 뭔가 물어보면 자기가 좋아하는 것을 아는 친구가 별로 없었다는 것도 힘들었어. '모든 게 힘들고 바쁜 아이들한 테 내가 너무 오지랖 떠는 건가?' 이 생각이 한동안 떠나지 않았어.

찾아가는 오지랖 서비스

시험 성적이 정말 중요하지. 그런데 좋은 성적을 얻기 위 해서는 내가 왜 그런 성적을 받고 싶은지, 혹은 그 대학(학과) 에 왜 가고 싶은지에 대한 자기 생각이 있어야 해. 그래야 지 친 상황에서도 자기에게 동기부여가 되니까. 그건 혼자 힘만 으로 할 수 없어. 그래서 나는 자기 생각을 정리하는 데 직·간 접적으로 도움을 주는 책을 읽히고 싶었어. 이건 너무나 중요 한 일이기 때문에 아이들이 아무리 싫다고 발버둥을 쳐도 싫 으면 됐다며 넘길 수가 없었어. 동기부여가 잘되면 공부할 힘 을 얻게 되고, 열심히 해서 꼭 목표를 이루고 싶어지니까.

학생들 중에도 컴퓨터공학 쪽에 관심이 많은 친구, 프로 파일러가 되고 싶다며 책을 추천해달라는 야무진 친구들도 있 어. 그렇지만 "아직까지 꿈이 없어요", "결정을 못 했어요"라 며 한 시간 수업을 대충 때워보려고 하는 학생들이 더 많았지.

그래서 하루는 학생들에게 말했지.

"제발 나를 가만 놔두지 말고 끊임없이 귀찮게 해줘. 그래야 너희들이 좋은 책을 발견할 수 있어."

나는 더 적극적으로 학생들에게 꼭 맞는 독서처방전을 주기 위해 찾아가는 오지랖 서비스를 떨기 시작했어. 뭘 알아야 책 선정에 도움을 줄 수 있을 테니까.

"넌 어렸을 때부터 뭐 할 때가 좋았어?"

"놀 때요!"

"혹시 읽었는데 재밌었던 분야의 책이 있어?"

"책 자체를 안 읽는데요?"

이렇듯 나의 오지랖 의욕을 완벽하게 꺾는 학생들도 있었지만 끈질긴 오지라퍼의 티타임(독서 관련 취향 조사 타임) 열정은 쉽게 사그라들지 않았지. 결국 시간이 지나자 까칠하게 굴던 아이들도 순순히 내 (독서 관련) 조사를 체념한 듯 받아들이더라고.

'오지랖'은 순우리말로 윗옷, 저고리 또는 겉옷의 앞자락을 일컫는 말이야. 오지랖이 넓다는 말은 옷의 앞자락이 너무 넓어서 그 안의 옷을 가린다는 의미를 가지고 있지. 그래서 남의 영역에 들어가거나 남의 일에 끼어드는 의미 모두를 포함하지. 보통은 낄 데 안 낄 데를 구별하지 못하는 사람에게 부정적으로 사용하는 말이야. 현대 사회는 개인주의가 강해서 남의 참견을 싫어하잖아. 그러다 보니 남의 영역에 끼어드는 것 자체가 싫은 거지. 그런데 이 오지랖을 '오지랍'이라고 쓰는 사람들이 많더라고.

"야, 니가 뭔데 이래라저래라야. 오지랍 떨지 마!"

내가 봐도 '오지랍'이 더 맞춤법에 맞는 것처럼 보이고 '오지랖'은 확실히 어색해 보여. 그래서 헷갈릴 땐 신조어 '오지라퍼'를 떠올리면 돼. '오지라퍼'라고 알지? '오지랖'에 사람을 의미하는 영어 접미사 '-er'을 붙여서 만들어진 단어잖아.

그걸 그대로 한글로 쓰면 '오지랖어'가 되고 연음 현상에 의해서 발음 나는 대로 써보면 오지라퍼가 되는 거지. 오지랖을 떠는 사람이라는 의미야. 다음번에는 절대 틀리지 않을 수 있겠지? '오지라버'는 너무 이상하잖아.

너와 나의 친밀 거리

문화인류학자 에드워드 홀은 사람 사이의 관계와 거리를 설명하기 위해 '개체 거리'라는 개념을 만들었어. 모든 개체는 자신의 주변에 일정한 공간을 필요로 하고 다른 개체가 그 안에 들어오면 긴장과 위협을 느낀대. 가족, 친구와는 45센티미터, 회사 동료들과는 1.2미터 정도 떨어져 있을 때 안정감을 느낀다는 거야. 사람들은 배려하는 마음으로 서로 적당한 거리를 유지하기 위해 애쓰지. 그래서 서로를 궁금해하지도 않고 어떤 삶에 대해서는 모르쇠로 일관하기도 해. '오지랖' 을 떨지 않는 사람들이 많아지고 있는 거지.

나는 오지랖이 한없이 부정적으로 해석될 수 있지만, 또 그 안에 긍정적인 의미도 담겨 있다고 생각해. 다른 사람들의 말에 공감해주는 것도 모두 오지랖에 포함되거든. 잘 모르는 친구들과 친해지기 위해서 가장 중요한 게 공감이잖아.

어떤 학생들끼리는 좋아하는 아이돌의 시시콜콜한 일상 이야기가 친해지는 계기가 될 수 있고, 또 다른 학생들끼리는 좋아하는 운동선수나 축구 경기 같은 관심사가 서로의 관계 를 이어주기도 하지. 그런 점에서 오지랖은 사회생활의 필수 요건이라는 생각이 들어. 여러 사람과 관계를 형성하고 유지 하는 데 적절한 윤활유일지도 모른다는 그런 생각 말이야.

사람들은 자기의 공간이 침범당하는 것을 극도로 꺼리면 서도 오지랖이 넓은 누군가가 자신의 영역을 잠시 넘어와 주 기를 바랄 때도 있거든. 사람들에게 편안함을 주고 위로가 되 어주는 것도 모두 누군가의 오지랖이니까.

학생들의 까칠한 반응에도 아랑곳하지 않고 열심히 티타 임을 구실로 대화를 나눈 결과, 학생들에 대해 더 많이 알게 되었어. 물론 초반에는 서로가 서로에 대해 아는 것이 없고 나눌 수 있는 이야기가 한정적이어서 질문 자체가 상당히 불편하다고 느낄 수 있어. 하지만 최대한 그런 부분을 비껴가려고 노력했고 독서의 방향성이나 취향에 대한 오지랖에 무게를 실었어. 시간이 지나면서 오지랖에 반응하는 학생들이 늘어났지.

책에 관심이 없고 읽고 싶지 않다던 학생들도 '너에게 꼭 맞는 책'이라고 하면 흥미를 보이더라고. 진로 관련 책뿐만이 아니라 심심할 때 읽기 좋은 책도 추천해줬더니 독서 수업에 흥미를 느끼는 것 같았어.

선생님이 그때 독서록에 써주셨던 이야기들이 오랜 시간 기억이 났어요. 저는 뭐든 잘 못하는 사람이라고 생각하며 살았는데, 무엇이든 해낼 수 있는 사람이라는 자신감을 갖게 되었습니다. 감사했어요.

졸업 후에 군대 간다고 인사하러 온 제자의 수줍은 감사 편지를 받고 나서 나는 확신하게 되었어. 오지랖이 독이 아닌 선한 영향력이 될 수 있겠다고 말이야. 반에서 몇 등인지, 모의고사는 몇 등급인지에 관한 질문 대신, 요즘 어떻게 지내고 목표하고 있는 일에서 힘든 점은 없는지를 묻는 거야.

응원과 격려가 담긴 오지랖은 팍팍한 학교생활에서 감칠맛을 내는 양념이 될 수도 있어. 관심에 기반을 둔 오지랖이라면 친구에게 원동력이 될 수도 있고 더 잘 해내고 싶게 하는 자극제가 될 수도 있을 거라고 생각해.

오지랖

명사

웃옷이나 윗도리에 입는 겉옷의 앞자락.

적당한 <u>오지랍</u>은 새 친구를 사귀는 데 좋아.(×)

➡ 적당한 <u>오지랖</u>은 새 친구를 사귀는 데 좋아.(○)

우정에도 정성이 필요하다,
멋쩍다

새 학기 첫 수업에 들어가면 수업 자체보다 이 학생들과 어떻게 하면 좋은 관계를 형성하고 즐거운 수업 분위기를 조성할 수 있을까에 대한 걱정이 앞서지. 특히 서로 다른 중학교에서 온 고등학교 1학년 친구들이 낯선 분위기 속에서 서로의 눈치만 보며 멀뚱멀뚱하고 있으면 더 떨려. 매일 학생들을 마주하는 선생님도 이런 고민을 하느냐고? 그럼 당연하지. 선생님도 너희처럼 처음이잖아. 새로운 학생들이고 새로운 분위기의 교실이잖아. 그래서 나는 개학 첫날의 감정을 가장 어울리는 단어로 말해보라고 한다면 항상 '멋쩍다'가 떠올라.

먼저 말 걸기 위한 용기

'멋쩍다'는 말 들어본 적 있지? 사전적 의미로는 ① 하는 짓이나 모양이 격에 어울리지 않다, ② 어색하고 쑥스럽다 같은 뜻을 가지고 있어. 우리는 보통 ②의 의미로 사용하지.

'혼자 밥 먹기가 멋쩍을 테니 나하고 같이 먹을래?' '너무 멋쩍어하지 마!' 이 같은 문장을 보면서 개학 첫날의 상황을 머릿속에 떠올리면 '멋쩍다'는 단어의 의미를 금세 파악할 수 있어.

여기에서 '멋쩍다'를 '멋적다'로 잘못 쓰는 경우가 있는데 한번 보자. 〈한글맞춤법〉에 따르면 '-적다/-쩍다'가 혼동될 수 있는 단어의 경우, [적다]로 발음되거나 '적다(少)'의 뜻이 유지되는 합성어일 때 '적다'로 적게 되어 있어. 그다음 '적다(少)'의 뜻이 없이 [쩍다]로 발음되면 '쩍다'로 적게 되어 있고.

'멋쩍다'는 적다(少)의 의미도 없는 데다가, [쩍다]로 발음되기 때문에 '쩍다'가 맞아. 멋쩍다와 비슷한 원리로 '겸연쩍다(쑥스럽거나 미안하여 어색하다)', '객쩍다(행동이나 말, 생각이 쓸데없고 싱겁다)', '미심쩍다(분명하지 못하여 마음이 놓이지 않는 데가 있다)' 같은 단어들이 있으니 발음을 잘 생각하면 틀리지 않을 수 있을 거야.

태어날 때부터 초절정 사교성을 뽐내는 친구들도 있지만 대부분은 처음 만나는 사람들이니 멋쩍은 게 당연해. 내가 말을 걸기는 조금 쑥스럽지만 누군가가 나를 불러주길 바라던 마음, 모두들 한 번씩은 경험했잖아.

그런데 다른 친구에게 먼저 다가가는 것이 쉽지는 않아. '말을 걸었는데 대꾸를 안 하거나 반응이 없으면 어떡하지?' '내가 먼저 말을 걸면 나를 아싸라고 생각할까?' 이런 생각에 휘둘릴 때도 많지. 친해지고 싶긴 한데 먼저 말을 꺼내기는 자존심 상하고 또 부끄럽기도 하잖아. 그건 너무나 당연하고 어른이 되어서도 경험하는 감정이야.

학교에서 학생들은 나를 인싸로 알지만, 나도 새로운 모임에 가면 언제 말을 걸어야 할지 고민하게 돼. 누군가가 말을 걸어줄 것을 기다리면서 괜히 책 읽는 척하거든. 첫 만남은 어른이나 아이, 남녀 할 것 없이 모두가 어색한 상황이니까 너무 겁먹거나 혼자 고민할 필요는 없어.

이건 매년 개학식 날에 '학교'라는 공간에서만 벌어지는 일이 아니라 대학생이 되어서도, 직장인이 되어서도 피할 수 없는 상황이니까 어떻게 슬기롭게 대처할지를 고민하는 게 훨씬 더 생산적이겠지?

새 학기에 필요한 표현의 기술

개학식 날을 떠올려봐. 어떤 친구가 기억 나? 모두가 불안하고 멋쩍은 상황 속에서 용기 내어 내게 말을 걸어준 친구가 기억에 남지 않아? 그 친구도 처음에는 얼마나 부끄럽고 쑥스러웠겠어?

나도 예전에는 어떻게 말을 걸어야 할지 몰랐어. 그런데 한 친구가 정말 자연스럽게 말을 걸더라고. "너 학교는 어디 다녔어?" "아, 그럼 너 그 친구 알겠네." "혹시 어제 그 드라마 봤어?" 이렇게 대화를 열어가는 친구를 보면서 나도 조금씩 용기를 내게 되었어. 누군가에게 내가 먼저 말을 걸면 거절당할지도 모른다는 불안감이 굉장히 컸는데, 막상 겪어 보니 누가 나에게 말을 걸어주면 너무 고맙더라고. 그런 식으로 경험하고 도전하다 보니 어떻게 대화해야 할지 감이 잡혔어.

수줍음이 너무 많아 친구에게 말 거는 게 너무 힘들다는 친구도 있을 거야. 그런데 나는 지금껏 "저는 외향적이라 처음 보는 친구도 잘 사귀고 말도 잘 걸어요!"라고 자기 입으로 말하는 사람은 한 명도 보지 못했어. 다들 자신을 내성적이라고 생각하더라고.

그리고 기질(성격의 타고난 특성과 측면들)은 바꿀 수 없지만 내향 혹은 외향의 성격은 바꿀 수 있대. 수줍음이 많은 사람도 연습과 경험을 통해 사람들과 자연스럽게 대면하다 보면 적극적이고 긍정적으로 바뀔 수 있거든. 아주 유명한 강연자나 연기자들 중에도 수줍고 내성적인 성향을 연습과 경험을 통해 바꿔나갈 수 있었다고 고백하는 사람들이 많거든.

그러니 새로운 친구들을 만났을 때 그 상황을 피하고 겁내기보다는 먼저 다가가는 연습을 해보자고. 즐겁게 소통하기로 마음먹는 것. 이것이 새 학기에 가장 필요한 표현의 기술이라는 거 잊지 마.

핵인싸가 되기 위한 특별한 방법

심리학자 제임스 페네베이커는 재미있는 연구 결과를 발표했어. 서로 모르는 피험자들을 그룹으로 나누어서 고향, 출신 대학, 직업 등 각자 자신이 선택한 주제로 사람들과 15분 동안 대화를 나누며 그 그룹에 대해 평가하게 했대. 결과가 어땠는지 알아? 바로 자신이 말을 많이 할수록 그 그룹이 마음에 든다고 답했대. 어느 정도 눈치챘겠지? 맞아, 사람들은 자기 이야기를 잘 들어주는 사람을 좋아한다는 거야. 그러니까 내 이야기를 많이 하기보다는 잘 들어주어야 해.

학창 시절에 정말 인기가 많은 친구가 있었거든. 그 친구를 싫어하는 친구가 한 명도 없고 다들 좋아하는 거야. 그래서 나도 온몸으로 그 인기를 누리고 싶어서 그 친구에게 그 비법을 물은 적이 있었지. 그랬더니 자기는 아무것도 안 하고 친구의 이야기를 많이 들어주기만 했다고 하더라. 들어주기, 그게 바로 인싸의 핵심이었던 거야.

사람들은 자기 이야기를 할 때 초콜릿을 먹을 때처럼 뇌에서 도파민이 분비된대. 자기 이야기를 하면서 즐거워한다는 거야. 그러니 자기에게 호기심을 가지고 무언가를 물어봐 주는 사람을 좋아하게 되고 계속 만나고 싶어 하겠지. 듣는 자세도 중요해. 몸을 말하는 사람 쪽으로 기울이고 눈을 맞추며 고개를 끄덕이며 들어준다면, 핵인싸의 길이 좀더 가까워져 있을 거야.

멋쩍다

형용사

어색하고 쑥스럽다.

처음엔 <u>멋적었는데</u> 네가 말 걸어줘서 좋았어.(×)

➡ 처음엔 <u>멋쩍었는데</u> 네가 말 걸어줘서 좋았어.(○)

무기력을 떨쳐내는 목표,
오엠아르 카드

학교마다 5회말 카드가 다른가요?

제가 전학을 와서 이제 곧 시험을 치르는데 학교마다 5회말 카드가

다른지 몹시 고민이 되어서요.

설마 이 글을 보고 뭐가 틀렸다는 거야? 자연스러운 표현

이라고 생각하는 건 아니지? 학교에서 시험을 볼 때 너희들

에게 오엠아르 카드를 나눠주잖아. 까만색 사인펜으로만 정

답을 표기해야 하는 답안지 말이야. 정확한 표기는 '오엠아르

카드'야.

나는 어떤 사람일까?

오엠아르 카드를 5회말 카드라고 말하면서 아무렇지 않게 웃고 넘어가는 것도 문제지만, 솔직히 더 큰 문제는 오엠아르 카드를 대하는 우리들의 자세인 것 같아. 내가 중간고사나 기말고사 때 시험 감독을 하다 보면 신성한 오엠아르 카드를 진심으로 막 대하는 친구들을 만나게 돼.

우선 첫 번째는 백지형이지. 아무것도 하고 싶지 않은 학생들이 이런 성향을 보여. 무슨 시험인지도 모른다는 게 공통적인 특성이야. 어떤 회유나 협박도 먹히지 않아서 늘 선생님을 고민하게 하는 스타일이야.

두 번째는 한 줄형이야. 왜 한 줄이냐고 물으니 그들에게도 나름의 이유가 있더라고. "한 번호로 찍는 게 점수가 잘 나올 확률이 더 높아요!" 점수가 바닥인 건 싫지만 공부도 하고 싶지 않은 친구들. 그래도 동기부여가 된다면 한 줄을 예측 불가능한 줄로 바꿔볼 수 있는 유형인 거지.

마지막 유형은 바로 예술형. 검은 점들을 잘 배치해서 하트 같은 모양을 만들지. 공부를 하지 않아 괴로운 마음을 예술 혼에 담아 잠시 잊어버릴 수 있지. 대부분 해맑은 친구들이야.

오엠아르 카드에 자기만의 생각을 표현하는 걸 보고 처음에는 무척 놀랐어. 그런데 이들의 마음 밑에 '포기'가 있다는 게 더 놀라웠어. 오엠아르 카드 포기자들과 이야기를 나눠보면 너무 어린데도 지나간 과거를 쓸쓸하게 회상하며, 아무것도 하고 싶어 하지 않더라고.

실패가 쌓이면 무기력에 빠지게 돼

초등학교 시절을 자신의 황금기라고 말하는 고등학생들을 많이 봐. 왜 그렇게 생각하느냐고 물으면, 초등학교 때 잘하다 보니 주위의 기대치가 높아지고, 중학교에 들어오면서 실패의 경험이 쌓이기 시작하자 자신감이 떨어졌다고 말해. 예전에 잘했지만 지금은 계속 실패하는 모습을 보면서 스스로를 할 수 없는 사람으로 생각하며 무기력해지는 거야. 그런데 무기력은 잠깐의 감정이 아니라 학습되는 감정이거든.

미국의 심리학자인 마틴 셀리그만이 개를 이용해서 실험을 진행했어. 버저가 붙어 있는 우리 안에 개를 가두고 버저가 울리면 개에게 전기충격을 가했지. 처음에 우리 안의 개들은 그 전기충격을 피하려고 탈출을 시도했지만 빠져나갈 수 없었고 매번 땅에 쓰러져서 신음했대. 이런 실험을 몇 번 반복한 후에 실험 과정을 바꿨어.

이번에는 버저가 울려도 전기충격을 가하지 않았고 탈출할 수 있도록 우리 문도 열어두었던 거야. 그런데 개들은 도망치지 않았어. 그리고 전기충격이 없었음에도 땅에 쓰러졌대. 이전에 느꼈던 절망적인 경험 때문에 도망가는 것을 포기하고 고통을 기다리게 된 거지.

실패가 반복되면 내가 충분히 극복할 수 있는 상황에서도 지레 포기하게 되거든. 자신감과 성공을 추구하는 동력이 상실되는 거야. 그러면서 포기의 늪에 빠지는 거지. "어차피 시험은 다 틀렸고요, 오엠아르 카드를 예술 작품으로 승화시킬게요" 하며 씁쓸한 농담을 하는 거지.

그래서 나는 학생들에게 목표를 잘 세워야 한다고 강조해. 작은 성취감을 맛보면서 얻는 자존감은 나를 단단하게 잡아주거든. 나는 고등학생 때부터 매일 체크리스트를 써왔어. 핵심은 하나였지. '지나친 의욕을 지양하고 실현 가능한 간단한 계획을 우선으로!'

작가 알랭 드 보통은 이렇게 말했어. '우리는 아이를 위해 빵에 버터를 바르고 이부자리를 펴는 것이 경이로운 일임을 잊어버린다.' 톨스토이도 비슷한 말을 했지. '우리의 일상적 노동은 훌륭한 삶을 위한 과정이다.'

사소하고 시시하고 지극히 평범한 일상의 목표들이 결국

은 훌륭한 삶을 마무리하는 과정이라는 거지. 우리는 거창한 목표만 생각하지만, 작은 목표들을 하나씩 성취해나가는 것이 바로 삶이라는 거야.

합리적 목표가 만드는 변화

사람들이 농구를 즐겨 하는 이유가 바로 농구대의 높이가 도전해볼 만해서 그렇대. 농구대는 사람의 키보다 조금 높아. 그러니까 사람들이 시도하는 거야. 제자리에서 조금만 노력하면 공을 넣을 수 있을 것 같으니까. 만약에 농구 골대가 10층 높이라면 사람들은 공을 던지는 시도조차 하지 않겠지. 어차피 던져봐야 안 될 테니까.

목표는 거창하고 높을수록 좋다고 생각하지만 그런 목표들은 우리에게 무기력을 학습시킬 뿐, 어떤 도움도 되지 않을 수 있어. 처음부터 하루에 영단어 100개를 외우겠다는 목표를 세우고는 결국 자신은 의지도 없는 바보라고 비하하는 일은 그만하자고. '오늘은 딱 10개를 외워야지'처럼 조금 쉬운 목표를 설정하면 해냈다는 성취감이 내일과 모레도 해보게 만들 거야. '문제집 한 권을 다 끝내야지'라고 목표를 세우기보다 1단원이라도 풀어봐야겠다고 다짐하는 거야. 한번 해내면,

더 해보고 싶어질걸. 할 수 있다는 자신감은 덤이고 말이야.

도전하고 싶은 마음과 도전해서 성공할 수 있는 합리성이 균형을 이룰 때, 우리 안의 적극성이 발휘된대. 높은 목표보다는 실현하기 쉬운 상태가 최적이라는 거지. 자신에게 맞고 자신이 할 수 있는 것들을 목표로 설정하면 우리의 잠재 능력을 이끌어낼 수 있는 거야. 아무것도 할 수 없게 만드는 포기의 마음도 멀리 떠나보낼 수 있고.

지금이라도 늦지 않았어. 내 주변에는 실제로 고등학교 졸업 후에 한참 동안 방황하다가 '이렇게 살면 안 되겠다'라고 마음먹고 새로운 삶에 도전한 사람도 많거든. 시기가 조금 늦었을 뿐, 그것이 틀린 인생인 것은 아니니까. 그러니까 내가 이룰 수 있는 자잘한 목표들을 설정해보자. 그것이 반드시 학습과 관련된 것이어야 할 필요는 없어. 어떤 분야든 상관없어.

'하루에 10분 책 읽기', '세 줄 일기 쓰기', '일어나자마자 카톡창 들여다보지 않기'처럼 시시해도 괜찮아. 관건은 네가 세운 목표를 하나씩 실천하고 달성하면서 자잘한 기쁨을 느끼는 것. 그러면 무언가 시도도 하기 전에 포기하려는 마음을 쉽게 떨쳐버릴 수 있어. 그러다 보면 학교에서 만나는 오엠아르 카드도 다르게 보일지 몰라.

오엠아르 카드

명사

컴퓨터 입력 장치의 하나. 마크 시트 따위의 용지에 연필이
나 펜으로 표시한 부분에 빛을 비추어 판독하고 전기신호
로 바꾸어주는 역할을 한다.

이번 시험에서는 <u>오회말 카드</u>에
한 줄 세우기 안 할 거예요.(×)
➡ 이번 시험에서는 <u>오엠아르 카드</u>에
한 줄 세우기 안 할 거예요.(○)

틀렸는데 찰떡같다
1

유도 신문/유도 심문

재판장은 증인에 대한 (유도 신문/유도 심문)을 하는
검사에게 주의를 주었다.
정답은?

바로 '유도 신문'이야. 증인을 신문하는 사람이 바라는 답변을 암
시함으로써 증인이 무의식중에 원하는 대답을 하도록 꾀어 묻는
일을 의미하지. 《표준국어대사전》을 살펴보면 '심문(審問)'은 자
세히 따져 묻는 것이고, '신문(訊問)'은 알고 있는 사실을 캐어묻
는 것을 뜻해. 묻는다는 의미는 비슷하지만 법률 용어일 때는 명
확하게 구분해 쓴다고 해.

'심문'은 질문자가 사실을 모르는 상태에서 질문을 꺼내는 거고,
'신문'은 질문자가 사실을 알고 있는 상태에서 질문을 꺼낸다는
차이가 있지. 질문자가 사실을 알고 있는 상태에서 본인이 원하
는 답변을 얻어내기 위해 꾀어 묻는 것을 의미하기 때문에 '신문'
이 옳은 표현이야.

2장

내가 모르는 게 아니라
헷갈려서 그래

단어의 정확한 뜻 알기

공부를 안 해서 불안하다면,
쉬엄쉬엄하다

학창 시절에 마치 책상과 한 몸인 것 같은 친구가 있었어. 수업시간에 졸지 않는 건 물론이요, 쉬는 시간에도 공부만 했어. 하루는 그 친구 옆으로 가봤는데 마치 글자를 쓰는 로봇처럼 노트에 같은 내용을 반복해서 필기만 하고 있더라고.

어느 날에는 내가 왜 쉬지도 않고 공부만 하냐고 물은 적이 있었어. 그 친구는 다들 열심히 공부하는데 혼자만 쉬고 있으면 죄책감이 든대. 이렇게라도 해야 마음이 편안하다는 거야. 20년 전에도 학생들은 쉬엄쉬엄하면 정체불명의 죄책감을 느꼈던 거지.

'시험시험' 하는 세상

이제는 초등학생들도 학원에서 매일, 매주, 매달 시험을 본다고 해. 대부분의 학원들은 어려서부터 학생들을 시험에 익숙해지게 만들고 있어. 실제로 시험이 없는 학원은 학부모님들에게 인기가 없더라고. 그래서 20년 전보다도 더 '시험시험'을 외치는 사회가 되어가고 있나 봐.

쉬엄쉬엄하다. 이 말은 ① 쉬어가며 천천히 길을 가거나 일을 하다, ② 그쳤다 계속되었다 하다, 이 두 가지의 의미로 쓰여.

'중간고사 시험 준비도 쉬엄쉬엄해야 능률이 높아.'

'너무 무리하지 말고 쉬엄쉬엄하렴.'

위의 문장에서처럼 계속 목표를 위해 달리기보다는 '쉼(휴식)'을 가지라는 의미라고 생각하면 쉽지. 그런데 초등학생 때부터 쉬엄쉬엄할 수 없고 남들과 경쟁하는 요즘 학생들이 '쉬엄쉬엄하다'를 '시험시험하다'로 쓴다는 이야기를 들었을 때, 어느 정도 이해가 되더라.

처음에는 발음하는 대로 쓰면 되는데, 왜 틀리는 건지 궁금했거든. '시험시험'으로 많은 학생들을 힘들게 하고, 그 결과로 줄 세우고 늘 압박만 줘서 제대로 '쉬엄쉬엄'을 할 수 없는 사회에 대한 반어법으로 사용하는 것은 아닐까?

우리의 인생은 게임 퀘스트가 아니니까

우리는 하나를 성취하고 나면, 그다음 단계로 계속 나아가야 한다는 생각을 하게 돼. 아마도 어려서부터 그런 상황이 익숙할 거야. 또 그 경쟁에서 이겨야 쓸모 있는 사람으로 인정받는 일들이 반복됐을 거고. 20년 전 내 친구가 그랬듯 쉬엄쉬엄하는 것에 대한 이유 없는 죄책감을 느끼는 것 같아.

간혹 빨리 어른이 되고 싶다고 말하는 친구들이 있어. 시간이 지나 어른이 되면 공부로부터 더 자유로워지고 여유롭게 쉴 수 있을 것 같다면서. 그런데 문제는 이런 상황은 어른이 되면 더 심하게 느껴진다는 거야. 학생일 때는 준비하면서 실수도 하고 만회도 할 수 있는데, 어른이 되면 책임질 일이 많아지고 이제는 정말 실전이라서 끊임없이 쉬지 않고 달려야 할 것 같은 압박감을 느끼거든. 진짜 제대로 쉬지 못하는 상황이 오는 거지.

우리의 인생은 게임 퀘스트가 아니잖아. 그러니까 천천히 자기만의 흐름을 유지하면서 달려가는 게 중요해. 쉬엄쉬엄은 자기 페이스를 유지하는 데 가장 중요한 방법이거든.

회복탄력성이라는 말이 있어. 크고 작은 시련과 다양한 실패를 도약의 발판으로 삼아서 더 높이 뛰어오르게 해주는 마음의 근육을 의미해. 살다 보면 예상치 못한 일에 맞닥뜨려야 하잖아. 쉬운 일도 있고 힘든 일도 있을 텐데, 회복탄력성이 강한 사람은 이런 상황에서 잘 버텨내고 오래 제대로 갈 수 있는 힘을 얻게 돼. 사람들과의 관계에서 입은 상처도 회복탄력성이 강하면 금방 아물 수 있는 마음의 힘이 생기거든.

그런데 바로 이 회복탄력성을 갖기 위해서는 '쉬엄쉬엄'의 과정이 필요해. 과소비되는 감정적 에너지들을 막아내고 충전하는 시간이 필요한 거야. '시간이 해결해줄 거야'라는 말 많이 하잖아. 바로 이 '시간'에는 '쉬엄쉬엄'이 큰 몫을 하거든.

쉬엄쉬엄하다

동사

① 쉬어가며 천천히 길을 가거나 일을 하다.
② 그쳤다 계속되었다 하다.

힘들면 <u>시험시험해</u>.(×) ➡ 힘들면 <u>쉬엄쉬엄해</u>.(○)

머리를 싸매게 만드는 문제,
곁땀

여름이 되면 옷이 얇아지니까 겨우내 폭발한 식탐으로 자리 잡은 살을 어떻게든 잘 가릴 생각을 하게 돼. 그런데 이건 다이어트나 옷으로 가릴 수 있어. 다시 말해 나의 노력이나 재치로 얼마든지 해결할 수 있는 거지. 그런데 내가 노력한다고 해서 어찌되지 않는 부분도 분명 있어. 남들은 모르지만 당사자는 정확히 알고 있는 곁땀이 그 주인공이야.

곁땀은 참 신경이 쓰이는 문제야. 아침에 옷장에서 회색 티셔츠를 꺼내 입었는데, 땀이 나기 시작하면 온 신경이 겨드랑이 쪽에 쏠리고 옷이 젖지는 않았는지 확인하게 만들지. 중간에 옷을 갈아입을 수도 없고, 어디 가서 말릴 수도 없어서 더 곤란해지기도 해. 괜히 식은땀만 흐르고 차렷 자세만 고수할 뿐.

쓰면서도 어색한 단어

이쯤 되면 '이상하다. 나는 겨드랑이 땀의 줄임말을 겨땀으로 알고 있는데…'라고 생각하는 학생들이 있을 거야. 그런데 우리의 고민인 겨드랑이 땀을 나타내는 순우리말은 바로 '곁'과 '땀'이 합해진 '곁땀'이야.

'운동을 많이 해서 그런지 곁땀이 났다.'

'곁땀을 고치려고 수술을 받았어.'

'곁땀으로 옷이 흥건히 젖었어.'

'곁땀'이 맞는 표현이지. 쓰면서도 계속 이게 맞는지 어색하기는 하지만.

보통 사람들은 내 몸에서 나는 털이나 땀의 존재를 숨기고 싶어 하잖아. 왜냐하면 부끄럽다고 생각하니까. 특히나 겨드랑이 같은 은밀한 곳이라면 더더욱. 그런데 예능 프로그램에서 우연한 기회에 곁땀을 당당하게 고백한 가수가 있었어. 그는 자신의 곁땀을 솔직하게 전하면서 자신의 이미지를 유쾌하게 승화시켰고, 곁땀으로 고통받았던 사람들에게 위안을 줬지.

덕분에 사람들은 곁땀에 대한 수치심을 많이 거둬들일 수 있었어. 처음에는 재미였을지도 모르지만 더 많은 사람들이 결점이자 약점이라고 생각한 곁땀을 이야기하면서 위축될 필요 없다는 마음가짐을 갖게 했어. 자신의 약점을 감추기보다 웃어넘기는 여유를 가질 수 있게 만들었지.

당신은 곁땀으로부터 자유로운가요?

> **곁땀 자가진단 체크리스트**
>
> ☐ 덥고 긴장하면 땀이 나고 냄새가 신경 쓰인다
> ☐ 학교에 등교해서 겨드랑이 땀으로 창피한 적이 있다
> ☐ 검색창에 '곁땀'과 관련된 키워드를 검색한 적이 있다
> ☐ 곁땀에 좋은 제품을 하나 이상 알고 있다

체크리스트에 두 개 이상 표시했다면 우리도 곁땀에서 자유롭지 못한 상태라고 볼 수 있어. 앞서 말한 것처럼 곁땀은 우리뿐만이 아니라 남들에게 보이는 것이 중요한 연예인들도 고민하는 문제이지.

곁땀이 나는 이유를 살펴보자. 체온이 올라가면 교감신경이 피부 외부와 가까운 혈관을 확장시킨대. 혈관에서는 땀을 피부에 노출시켜 열을 공기 중으로 발산함으로써 체온을 조절하는 거지. 그러니 곁땀은 아주 자연스러운 현상이야. 그런

데 덥지 않아도 땀이 날 때가 있어. 과도하게 긴장하거나 흥분하면 교감신경이 예민하게 반응해서 땀을 흘릴 수도 있다고 해.

겨드땀은 땀도 문제지만 냄새도 신경이 쓰여. 이건 땀샘 때문이야. 땀샘은 에크린샘과 아포크린샘으로 나뉘는데, 특히 아포크린샘은 일반적인 땀샘보다 단백질과 지방을 많이 함유하고 있대. 그래서 체모 근처에 몰려 사는 박테리아가 아포크린샘에서 나온 땀의 단백질과 지방 같은 유기물을 분해해 악취성 물질을 만들어낸대.

더우면 땀이 나는 건 정말 자연스러운 현상이잖아. 그러니 겨드땀을 막기보다 자연스러운 신체 반응이라고 생각하면 좋을 것 같아. 친구나 이성이 있을 때 너무 눈치 보지도 말고, 또 겨드땀 좀 나는 친구에게 '냄새 난다'며 눈치 주지도 말자고. 그게 내가 될 수도 있거든. 야! 너! 두! 겨드땀 날 수 있어. 누구나 겨드땀 앞에 장사는 없으니까.

그래도 방법이 있다

겨드땀은 누구나 겪는 문제라지만 이성이나 좋아하는 친구 앞에서는 잘 보이고 싶은 게 또 우리 마음 아니겠어. 중요한 일이 있는 날에는 조금 더 신경 쓰는 게 좋겠지. '자연스러운 현상'이긴 하지만 특히 이성과의 첫 만남에서 곁땀은 좋은 인상을 남길 수 있는 부분은 절대 아니니까.

곁땀과 헤어지는 첫 번째 방법은 바로 청결이야. 깨끗하게 닦고 확실하게 말려주면 곁땀을 억제할 수 있고 악취를 예방할 수도 있지. 두 번째 방법은 바로 채소 위주로 식사하는 거야. 고기나 튀김, 짠 음식 등은 과잉 피지와 염분을 배출해서 땀 냄새의 원인인 세균의 먹이가 된다고 해. 대신 비타민이 가득한 채소 위주의 음식을 먹으면 점차적으로 곁땀을 예방할 수 있다고 하네. 비타민의 항산화 작용이 땀 냄새를 효과적으로 줄여준다는 거야.

그리고 마지막으로 땀 억제제를 사용하는 것인데 땀 억제제는 일시적으로 땀샘을 막아서 땀 배출을 차단해주고 악취의 원인이 되는 세균을 제거해주지. 장기적으로 계속 사용하면 신체 건강에 좋지 않을 수 있다고 걱정하는 사람들도 있어. 그래도 중요한 날이라면 사용해도 괜찮지 않을까? 오히려 곁땀으로 인한 스트레스로 정신적 건강에 더 악영향을 미칠 수도 있잖아.

곁땀

명사

겨드랑이에서 나는 땀.

여름이 되면 <u>겨땀</u> 때문에 고민이야.(×)

➡ 여름이 되면 <u>곁땀</u> 때문에 고민이야.(○)

편한 친구가 되기 위한 비결,
결제와 결재

평소에 흔히 쓰이는 단어 중에 생각보다 많은 사람들이 실수로 계속 틀리는 단어가 있어. 바로 결제와 결재야. 내가 자주 가는 인터넷 커뮤니티에서도 사람들이 자꾸만 틀려서 직업병을 발휘하고 싶게 만드는 단어야. 발음은 똑같은데 뜻이 완전 다르기 때문에 잘 구분해서 써야 상황에 따라 부끄러움을 피할 수 있어. 그럼 우선 두 단어의 정확한 의미부터 알아볼까?

돈 쓰는 건 결제, 상사가 하는 건 결재

결제(決濟)는 ① 일을 처리하여 끝을 냄, ② 증권 또는 대금을 주고받아 매매 당사자 사이의 거래 관계를 끝맺음, 이렇게 두 가지 의미가 있어. 우리가 편의점이나 마트에 가서 계산하는 것을 결제라고 하는 거지. 유명 햄버거회사 전용 앱으로 결제를 하고 배달 영수증에 남긴 고객 요청 메모를 한번 볼게. 여기서도 '결제'라는 단어가 사용되거든.

고객 요청

여보세요. 버거왕 앱 결제가 안 됩니다. 네 번을 시도했습니다. 심각한 정신적 타격을 입고 비밀번호 잊어버리고 비회원으로 주문함. 더 이상 온라인 결제를 믿을 수 없다. (하략)

네 번의 시도 끝에 햄버거를 비회원으로 주문해서 화가 난 고객의 소리를 그대로 담은 메모야. 햄버거를 사고 돈을 내는 행위를 바로 '결제'라고 표현했어. 이렇게 돈과 관련된 경제 상황에서는 결제를 쓰는 게 맞아. 이렇게 머릿속으로 '경제(돈)는 결제'라고, 같은 단어를 연결해서 의미를 외워두면 절대 틀리지 않아.

그렇다면 결재(決裁)는 어떤 경우에 사용할까? 사전적으로는 결정할 권한이 있는 상관이 부하가 제출한 안건을 검토하여 허가하거나 승인하는 것을 의미해. 아직 너희들은 학생이고 직장생활을 해본 적이 없기 때문에 결재와 같은 절차를

밟은 적이 없어서 이 단어가 생소할 거야.

나는 방학마다 '독서캠프'를 열어, 책을 읽고 그와 관련된 토론, 퀴즈 같은 활동을 해. 그런데 이런 걸 하려면 그냥 하겠다고 말을 해서 끝나는 게 아니라 어떤 세부 프로그램을 진행할지, 학생들은 얼마나 모집할지, 언제 어디서 할지 자세한 내용에 대한 기획안을 쓰게 되지. 그리고 거기에 들어갈 예산이 얼마 정도인지도 짜보고 기획안이 완성되면 그걸 부장선생님, 교감선생님, 교장선생님 순으로 결재를 받게 되어 있어. 쉽게 얘기하면 선생님이 제출한 그 기획안을 보고 '오, 이건 괜찮은데?'라고 승인하거나 허락하는 것을 바로 결재라고 하는 거야. 내가 쓴 돈을 계산할 때에는 결제, 그 외에는 결재라고 생각해도 무방할 거야. 꼭 기억해줘.

우정과 사랑을 유지할 수 있는 더치페이

독일에 배낭여행을 갔을 때였어. 독일에 가면 가장 하고 싶은 일이 바로 '맥주 마시기'였지. 그래서 뮌헨의 호프브로이 하우스에 갔었어. 그곳은 세계에서 가장 유명한 양조장 중 하나라고 해. 대략 3000명가량의 손님을 유치할 수 있다는 아주 드넓은 홀에서 신나게 맥주를 마시고 있을 때였어.

우리 옆 테이블에 아들과 아버지 정도로 보이는 남자 둘이 들어와 앉았어. 둘은 똑같은 요리를 두 개 시켜 먹으면서 시원하게 맥주를 곁들이며 이야기를 나누다가 자리를 떠났어. 그런데 그들은 자리를 떠나기 전에 각자 결제(더치페이)를 하는 거야.

선생님이 대학생 때만 해도 윗사람이 아랫사람에게 한턱내는 것을 당연하게 여기는 문화가 있었어. '더치페이(dutch pay)'는 '인간미가 떨어진다', '쪼잔하다' 등의 인식을 가지고 있었던 때였지. 심지어 그 당시 외국인을 위한 한국 여행 안내서에는 '한국에서 식사를 한 뒤엔 그룹에서 가장 나이 많은 사람이 계산서를 집는 게 관습이다'라고 쓰여 있을 정도였거든. 그러니 옆 테이블에서 함께 신나게 떠들고 같이 '짠' 하면서 즐거운 시간을 보내던 두 사람이 각자 자기가 먹고 마신 만큼만 결제를 하고 일어서는 광경을 보면서 엄청난 문화충격을 받을 수밖에.

더치페이는 더치 트리트(dutch treat)라는 말에서 비롯되었어. 당시 네덜란드에서 이 말은 다른 사람에게 '한턱' 쏜다는 의미였어. 그런데 17세기에 영국과 네덜란드가 크게 충돌하면서 영국인들이 네덜란드인을 깎아내리기 위해 '대접하다(treat)'라는 말 대신 '지불하다(pay)'라는 말을 쓰기 시작했대.

네덜란드인들은 밥을 먹자고 불러놓고(treat) 자기 밥값만 내는(pay) 사람들이라고 말한 거지. 다시 말해 더치페이는 네덜란드인의 철저한 개인주의적 생활방식을 비꼰 말이야. 하지만 이제는 이런 오해보다는 합리적 소비를 일컫는 말로 '각자 내기'의 의미를 지니게 되었어. 말도 시간이 지나면 사회적 맥락에 따라 의미가 달라지거든.

친구와 만나서 잘 놀고 난 뒤에 각자의 비용을 계산할 때, 왜 그런지는 모르지만 머쓱한 상황이 될 때가 있어. 사람과 사람이 얽히는 관계에서 빼놓을 수 없는 지출 방식인 더치페이는 아직 어색하지만 합리적인 것만은 틀림없어. 특히 학생들이나 갓 취업한 사회인들은 경제적으로 넉넉하지 않기 때문에 한 사람이 어떤 비용을 모두 부담하는 것은 다소 무리가 되기도 해. 친구들과 만나는 것은 좋지만, 항상 밥값을 지불해야 한다면 관계가 계속 유지될 수 있을까? 어떤 만남이든 누군가에게 부담스러워진다면 오래갈 수 없을 거야. 서로에게 부담이 없는 선에서 만남을 유지한다면, 그것이야말로 오래갈 수 있는 관계일 거야.

결제와 결재

결제

명사

① 일을 처리하여 끝을 냄.
② 증권 또는 대금을 주고받아 매매 당사자 사이의 거래 관계를 끝맺는 일.

결재

명사

결정할 권한이 있는 상관이 부하가 제출한 안건을 검토하여 허가하거나 승인함.

청소년도 인터넷 쇼핑몰에서 결재할 수 있어.(×)
➡ 청소년도 인터넷 쇼핑몰에서 <u>결제</u>할 수 있어.(○)

왜 자꾸 거절당하는 걸까,
어이없다

맷돌 손잡이 알아요? 이 맷돌 손잡이를 어이라고 그래요. 맷돌에 뭘 갈려고 집어넣고 맷돌을 돌리려고 하는데 손잡이가 빠졌네? 이런 상황을 어이가 없다 그래요. 황당하잖아. 아무것도 아닌 손잡이 때문에 해야 될 일을 못 하니까. 지금 내 기분이 그래. 어이가 없네.

아마 다들 한 번쯤 들어본 말일 거야. 그런데 이 말에 잘못된 부분이 있어. 바로 '어이'를 맷돌 손잡이라고 말한 부분이야. '어이'는 맷돌의 손잡이와는 관련이 없고 '엄청나게 큰 사람이나 사물'을 뜻하거든. 보통 단독으로 쓰이는 말은 아니고 '없다'랑 어울려서 어떤 일이 너무 엄청나거나 뜻밖이어서 기가 막히고 황당하다는 뜻으로 '어이가 없다' 혹은 '어이없다'로 쓰곤 하지.

그런데 '어이없다'를 '어의 없다'로 쓰는 학생들이 생각보다 많아. 조금 의아했어. 왜냐하면 대체로 발음이나 표기가 편해서 소리 나는 대로 쓰다가 틀리는 경우가 많거든. 그런데 '어의 없다'의 경우에는 '어이없다'보다 표기에서 획이 하나 더 늘어나고 발음도 헷갈리고 의미도 훨씬 더 많고 복잡한데 틀리니까.

《표준국어대사전》에 등재된 '어의'의 뜻은 세 가지야. 어의(御衣: 임금이 입던 옷), 어의(御醫: 궁궐 내에서 임금이나 왕족의 병을 치료하던 의원), 어의(語義: 단어나 말의 뜻). '어의'의 세 가지 의미를 생각해보면 우리가 평소에 어처구니없다는 의미로 쓰는 어이없다와 전혀 맞지 않다는 거, 어느 정도 알 수 있겠지? 간혹 비슷한 의미로 '얼척 없다'는 말도 쓰곤 하는데 이건 '어처구니없다'의 전라도 사투리라고 해.

멋진 근육, 잘생긴 얼굴도 틀린 맞춤법 앞에서는 무너져

"선생님, 우리를 뭐로 보는 거예요? 수업시간에 이딴 걸하다니 진짜 어이없네." 학생들에게 온갖 야유를 받았던 시험이 있었어. 바로 맞춤법 시험(이라 쓰지만 사실은 받아쓰기 시험)이지. 초등학교 1학년 때 하는 것처럼 발음이 비슷한 단어들을 불러주고 맞는 단어를 쓰게 하는 가벼운 시험이었어. 그때 왜 고등학생들 수업시간에 이렇게까지 했냐고? 독후감이나 개인 과제를 받아보면 맞춤법이 맞는 글이 거의 없는 거야. 이게 정말 고등학생이 적은 것인가 의문을 갖고 몇 번이나 들여다보게 됐지. 정말 마음속으로는 이런 생각이 들었지. '너희들은 연애할 때 외모가 아니라 맞춤법이 더 큰 타격이다.'

인터넷에서 틀린 맞춤법을 주고받은 이야기들을 볼 수 있어. 상대에게 웃음을 주려고 일부러 그런 게 아닌가 의심할 정도로 많이 틀리더라고. 게다가 나는 여자들만 남자들의 맞춤법에 예민한 줄 알았거든? 그런데 며칠 전에 남학생들이 점심시간에 하는 말을 듣다 보니 여자 친구 맞춤법이 너무 심각하대.

"오빠, 우리 주말에 같이 쇼핑하로(쇼핑하러 O) 갈래?"

"조별 수행평가에서 역활 분담(역할 분담 O) 했는데 나한테 발표하라는 거 있지? 완전 짜증 나."

이걸 고쳐줘야 할지 말아야 할지 고민이라고 말하는 걸 들으면서 깨달았지. 맞춤법이 틀리면 여자든 남자든 상관없이 상대에게 호감도가 떨어지게 되어 있다는 걸.

상대방과의 대화에서 잘못된 맞춤법을 사용하면 처음에는 오타일 거라고, 아니면 헷갈릴 수도 있다고 생각해. 내가 사귀는 이성이 저런 맞춤법을 쓰다니 '아닐 거야'라는 심리가 지배적이야. 그러다가 여러 번 반복해서 틀리면 습관적 오타인가 하며 좋은 생각을 하다가도 네 번 이상 틀리면 확신하게 되지. '헐, 모르는구나!' 그러면 그동안 그 사람을 비추고 있던 후광이 빛을 잃게 되는 거지.

"선생님, 맞춤법 좀 틀렸다고 그런 생각이 들면 진정한 사랑이 아닌 거 아닌가요?"

사람을 좋아한다는 건 꼭 외향적인 것만 보는 건 아니거든. 좋아한다는 것에는 상대를 존경하고 믿는다는 의미도 포함되는데, 맞춤법을 자주 틀리면 그런 존경과 신뢰가 바닥으로 떨어지기 매우 쉽지.

특히나 기본적으로 모를 리 없다고 생각했던 그런 맞춤법을 틀린다면? 그건 이성 관계뿐 아니라 모든 인간관계에서도 신뢰가 떨어질 수 있는 중대한 사안이기 때문에 주의해야 하는 거야. 진정한 사랑을 말하기 전에 맞춤법부터 돌아봐야 하는 이유인 거지.

맞춤법의 세계는 어려워. 우리가 작가나 편집자도 아니고 국립국어원에서 일하는 것도 아니니까. 그래서 완벽한 맞춤법을 구사할 수는 없지. 나도 '싫증'과 '실증', '끄적이다'와 '끼적이다'를 헷갈려서 사전을 찾아보거나 직접 검색창에 써

볼 때도 있거든.

어렵다고 해도 노력하고 틀리지 않기 위해 연습하려는 최
소한의 예의가 필요해. 어떤 방식의 소통이든 사람과 대화하
려면 이런 노력이 갖춰져야 하는 거지.

어이없는 맞춤법에 대처하는 우리들의 자세

마춤뻽 좀 틀렸다고 여자 친구한테 차였어요. 크리스마스2부에 근
사한 식당도 예약해놨는데요. 정말 억장이 무너지네요. 연예 한 번
하기 힘드내요. 흥. 나도 아시울 거 없다 뭐.

방금 문장을 읽으면서 느낀 감정이 네가 틀린 맞춤법을
썼을 때 상대방이 너에게 느낀 감정이라는 걸 잊지 않으면 될
거야.

이런 문제에 대한 해결책은 아주 간단해. 눈으로 여러 번
읽으면서 눈도장을 찍다 보면 저절로 해결되지. 밤새 공부하
며 달달 외울 필요도 없고 그저 바르게 표기된 단어를 계속
눈이 익숙해지도록 보는 거야(결국 꾸준히 독서하면 다 해결되는
일이지).

이어지는 표 안의 단어들은 틀리면 안 돼. 한자어는 한자 하나하나의 의미를 파악하고 넘어가면 더 빨리 익힐 수 있어. 어렵다고 지나가지 말고 이번 기회에 한자 공부까지 하고 넘어가자고.

이걸 틀리다니요?	눈으로 여러 번 읽으세요.	의미도 알아가세요!
재하룡 분리수거 하세요.	재활용(再活用) 분리수거 하세요.	폐품 따위를 용도를 바꾸거나 가공하여 다시 씀.
크리스마스2부에 뭐 하세요? ☞ 크리스마스 뷔페인가요?	크리스마스이브에 뭐 하세요?	명절이나 축제 전날 밤.
수박 겁탈기에 불과해요. ☞ 수박을 겁탈하나요?	수박 겉핥기에 불과해요.	맛있는 수박을 먹는다는 것이 딱딱한 겉만 핥고 있다는 뜻으로, 사물의 속 내용은 모르고 겉만 건드리는 일을 비유적으로 이르는 말.
이 쇼핑몰서 행죄했어요. ☞ 새로운 죄명인가요?	이 쇼핑몰서 횡재(橫財) 했어요.	뜻밖에 재물을 얻음.
엿줄 게 있어서 메일 드려요 ☞ 엿은 사양할게요.	여쭐 게 있어서 메일 드립니다.	웃어른에게 말씀을 올림.

그분을 멘토로 **삶고** 싶습니다. ☞ 삶고 싶다니, 족발인가요?	그분을 멘토로 **삼고** 싶습니다.	어떤 대상과 인연을 맺어 자기와 관련 있는 사람으로 만듦.
삶과 고인의 명복을 빕니다. ☞ 제발 이런 중요한 순간에는 실수하지 맙시다.	**삼가** 고인의 명복을 빕니다.	겸손하고 조심하는 마음으로 정중하게.
일해라 절해라 하지 마세요.	**이래라저래라** 하지 마세요.	'이리하여라 저리하여라'가 줄어든 말.
내가 진짜 억장이 **문어진다.**	내가 진짜 억장이 **무너진다.**	극심한 슬픔이나 절망 따위로 몹시 가슴이 아프고 괴로움.
괴자번호 줘.	**계좌번호(計座番號)** 줘.	은행 등에서 저축이나 대출 상황 등을 기록하고 관리하기 위해 고객에게 부여하는 식별 번호.
왜승모한테 말할 거야. ☞ 왜인의 느낌이 나죠?	**외숙모(外叔母)**한테 말할 거야	외삼촌의 아내.
시럽계 고등학교로 갈 거야. ☞ 달콤한 걸 좋아하나요?	**실업계(實業界)** 고등학교로 갈 거야.	공업이나 금융업 따위의 사업을 경영하는 사람들의 활동 분야.

어이없다

형용사

일이 너무 뜻밖이어서 기가 막히는 듯하다.

너 정말 어의 없다.(×)
➡ **너 정말 어이없다.**(○)

남들 앞에서 으쓱하고 싶을 때,
요긴하다

요긴하게를 요기나게라고 쓰시는 분들

이거 일부러 그러는 건가요?

예를 들어 이래라저래라 하지 마라를 재미나게

일해라 절해라 하지 마라라고 쓰는 것처럼

일부러 그러는 건가요? 아니면 진짜 몰라서 그러는 건가요?

얼마 전 한 인터넷 커뮤니티에서 이런 글을 발견했어. '요기나게'는 '요긴하게'를 잘못 쓴 건데 실수인지, 일부러 그러는 건지 궁금하단 내용이었지. 먼저 '요기나다'라는 말은 없어. '요긴하다'라는 단어만 있을 뿐. 요긴하다에서 '요긴'은 '중요할 요(要)'에 '꼭 필요할 긴(緊)'이 합쳐진 한자어로 '꼭 필요하고 중요하다'라는 의미를 갖지. 가끔 '요기나다'라고 쓰는 사람들이 있는데, 진지한 자리에서 오해를 살지도 몰라.

특히 한자어는 맞춤법을 틀리게 되면 맞춤법뿐 아니라 한 자어도 모른다는 오해(혹은 진실)를 살 수도 있으니 더 조심해 야겠지? 그래서 준비했어. 틀리면 비웃음을 살 수 있지만 알 아두면 "오! 쟤 좀 아는데?"라며 남들 앞에서 으쓱할 수 있고 정말 요긴한 사자성어들.

성대모사

소리 성(聲), 띠 대(帶), 본뜰 모(模), 베낄 사(寫)로 이루어 진 성대모사는 소리의 띠를 본뜨고 베낀다는 말로 사람의 목 소리나 새, 짐승 따위의 소리를 흉내 내는 일을 비유적으로 이르는 말이야. 성대모사 말고 '성대 묘사'로 잘못 쓰는 사람 들이 있는데, 지금 성대를 그리겠다는 의미로 묘사라고 한 건 아니지?

동고동락

함께 동(同), 쓸 고(苦), 함께 동(同), 즐길 락(樂)으로 이루 어진 동고동락은 괴로움과 즐거움을 함께한다는 뜻으로, 같이 고생(苦生)하고 같이 즐기는 것을 의미해. '죽고 사는 것을 같이하기로 약속하고 동고동락하다.' 이런 의미로 의리를 강조하며 비장하게 쓰는 말인데, TV의 한 예능 프로그램의 제목 때문인지 많은 사람들이 '동거동락'이라고 쓰더라.

이 예능 프로그램은 동거(同居)는 생존을, 동락(同落)은 탈락을 의미하며 생존과 탈락을 함께한다는 뜻으로 이런 제목을 붙였다고 해. 고생과 즐거움을 함께 누린다는 의미인 고(苦)를 떠올리면 절대 틀리지 않겠지?

야반도주

밤 야(夜), 반 반(半), 도망할 도(逃), 달릴 주(走)로 이루어진 야반도주는 한밤중에 몰래 도망쳐 달리는 것을 말해. 이때 야반(夜半)은 한밤중이라는 의미지. 어떤 옳지 않은 행동을 했거나 일정한 사건에 대한 책임을 회피하려고 할 때, 몰래 행적을 숨겨야 하는 상황에 처했을 때 남의 눈에 띄지 않도록 어두컴컴한 시간에 움직여 달아나는 모습을 의미하지. 어떤 일의 결과에 대해 책임을 지지 않고 허겁지겁 내빼는 모습을 비유할 때에도 이 말을 써.

그런데 야반도주를 '야밤도주'로 쓰는 사람들이 종종 있어. 우리말과 한자말을 겹쳐서 사용하는 습관 때문에, 발음과 의미가 유사한 야밤(깊은 밤의 우리말)에다 도주(한자어)를 붙여서 야밤도주라는 말을 만들어내는 거지. 당연히 '야밤도주'는 틀린 말이야.

일사불란

한 일(一), 실 사(絲), 아닐 불(不), 어지러울 란(亂)으로 이루어진 말로 한 오라기의 실도 흐트러지지 않았다는 의미야.

'체육 선생님의 힘찬 구령 소리에 모두 일사불란하게 움직였다.'

이 문장에서 말하는 것처럼 질서가 정연해 조금도 흐트러지지 않을 때 쓰는 말이야. 많은 사람들이 일사분란으로 알고 있었고, '일사분란'으로 쓴 기사도 흔하게 찾아볼 수 있었어. 그건 아마 '마음이 혼란스럽거나 어지럽지 아니함'의 뜻이 있는 '불란(不亂)'이라는 말에 비해 '어수선하고 소란스러움'을 뜻하는 '분란(紛亂)'이라는 말이 훨씬 더 자주 쓰이기 때문일 거야. 〈표준어규정〉 2장 4절 17항에는 "일사불란의 의미로 일사분란을 쓰는 경우가 있으나 일사불란만 표준어로 삼는다"라고 적혀 있어.

풍비박산

바람 풍(風), 날 비(飛), 우박 박(雹), 흩을 산(散)으로 이루어진 말로 바람이 불어 우박이 이리저리 흩어진다는 뜻이야. 즉 엉망으로 깨져서 사방으로 흩어지는 상황을 의미하지.

'사업 실패로 집안이 풍비박산이 되었어.' '트럭이 전복되자 뒤에 실려 있던 짐들이 고속도로 한복판에 풍비박산이 되어 나뒹굴었어.'

이 문장이 말하는 상황만 머릿속으로 그려봐도 심상치 않지? 많은 사람들이 '풍지박산'이라고 하는데 사실 풍지박산이라는 말은 없어. 비가 와서 난리가 난 상황을 기억하면 절대 틀리지 않을 수 있어. 실제로는 풍비박산이 맞는 말이야.

절체절명

끊을 절(絶), 몸 체(體), 끊을 절(絶), 목숨 명(命)으로 이루어진 말로 몸도 끊어지고 목숨도 끊어졌다는 뜻이야. 어찌할 수 없는 아주 절박한 상황에서 쓰는 말이지.

'이번 시험 성적으로 나는 엄마한테 죽느냐 사느냐 하는 절체절명의 위기에 놓여 있어.' '토끼도 절체절명의 위급한 상황이 되면 캭캭 같은 이상한 소리를 낸대.'

간혹 절대절명이라고 잘못 사용하는 경우가 있지. 몸을
끊고 목숨을 끊는다는 뜻을 잘 이해하고 머릿속으로 한자어
를 기억하자고.

요긴하다

형용사

꼭 필요하고 중요하다.

<u>요기나게</u> 잘 쓸게요.(×) ➡ <u>요긴하게</u> 잘 쓸게요.(○)

꼭 기억해야 할 한자어

성대묘사 → 성대모사(聲帶模寫)

동거동락 → 동고동락(同苦同樂)

야밤도주 → 야반도주(夜半逃走)

일사분란 → 일사불란(一絲不亂)

풍지박산 → 풍비박산(風飛雹散)

절대절명 → 절체절명(絕體絕命)

이 말을 해도 될까,
비속어 같은 표준어들

고정관념(固定觀念)은 사람들의 행동을 결정하는, 잘 변하지 않는 굳은 생각 혹은 지나치게 당연한 것처럼 알려진 생각을 의미해. 그런데 고정관념을 고정간염이라고 쓰는 사람들이 종종 보이더라. 고정(固定: 한번 정한 대로 변경하지 아니함)된 관념(觀念: 어떤 일에 대한 견해나 생각)이라는 의미로 '관념' 자체가 견해나 생각을 의미하니까 다른 말로 바꿔 쓸 수 없는 거지. 반대로 간염은 간에 생긴 염증을 통틀어 이르는 말이야. 그러니 고정적인 간의 증상을 이야기하는 게 아니라면 '고정간염'을 쓰는 경우는 없어야겠지?

고정관념은 성이나 인종, 직업에서 확연히 나타나기도 하는데 뚜렷한 근거가 없어. 그리고 어떤 집단의 사람들에 대한 단순하고 지나치게 일반화된 생각들 때문에 감정적인 판단으로 이루어지는 경우가 많아. '남자는 울면 안 돼.' '흑인은 아이큐(IQ)가 낮아.' 이 같은 고정관념들이 그 예지. 남자는 사람 아니야? 슬프거나 아프면 우는 게 당연한 거고, 흑인의 아이큐가 낮다는 것은 인종을 차별하고 무시하는 말이야.

그런데 이런 고정관념은 언어에서도 많이 나타난다는 사실! '헉, 이게 표준어라고?'라는 생각이 드는 고정관념을 깨는 반전의 표준어들을 모아봤어.

조지다

어감만으로도 비속어라는 느낌이 물씬 드는 '조지다'가 표준어라고 해. 주로 '호되게 때리다', '단단히 단속하다'는 사전적 정의처럼 벌로 나무랄 때나 미리 주의를 줄 때 쓰이곤 해. 하지만 '쓰거나 먹어 없애다', '일신상의 형편이나 일정한 일을 망치다', '짜임새가 느슨하지 않도록 단단히 맞추어서 박다', '일이나 말이 허술하게 되지 않도록 단단히 단속하다' 등의 뜻도 가지고 있거든. 일상생활에서는 누군가를 때리고 윽박지를 때 사용하는 말이라서 표준어가 아니라는 오해를 많이 받지만, 실제로 다른 의미(쓰거나 먹어 없애다 혹은 짜임새를 단단히 맞추어 박다)로 사용할 때는 그런 의미가 전혀 없다는 거 기억해두면 좋을 것 같아.

개기다

'개기다'는 명령이나 지시를 따르지 않고 버티거나 반항하는 것을 속되게 표현하는 말이야. 지난 2014년부터 표준어로 지정되었어. '개기다'는 '자꾸 맞닿아 마찰이 일어나면서 표면이 닳거나 해지거나 벗어지거나 하다', '성가시게 달라붙어 손해를 끼치다'라는 뜻을 가진 '개개다'라는 말에서 왔어. 하지만 지금은 윗사람의 명령이나 지시를 따르지 않고 버티거나 대드는 반항적인 행동을 가리킬 때 주로 사용하지.

"너, 나한테 개길래?"

"나한테 자꾸 개기지 마라."

어떻게 읽든 확실히 어감은 비속어 같네!

꼽사리

신조어로 알려져 있는 '낄끼빠빠'라는 말을 알지? 바로 낄 데 끼고 빠질 데 빠지라는 말의 줄임말이지. 바로 여기서 '빠져야 할 (혹은 빠졌으면 하는) 대상'을 의미하면서 쓸데없이 남이

노는 판에 거저 끼어드는 일을 의미하는 '꼽사리'도 표준어야. '곱살이'라는 말에서 유래되었어. 노름판에서 판돈을 대는 것을 '살 댄다'라고 하고 계속 판돈을 대는 것을 '곱살'이라고 해.

'곱살이'는 정식으로 노름판에 참여하는 대신, 다른 사람들 판에 껴서 노름을 즐기는 이를 가리키는 말이야. 지금은 곱살이란 단어가 꼽사리로 변형되었고, 더 널리 사용하는 말이 표준어로 인정받는 규칙에 따라 '꼽사리'가 표준어가 되었지. 비속어인 줄 알았는데 《표준국어대사전》에 당당히 등재되어 있다니, 참 맞춤법의 세계는 어렵다니까.

돈지랄

내가 좋아하는 작가가 쓴 에세이의 제목이 바로 《돈지랄의 기쁨과 슬픔》이었어. 돈으로 사는 가장 구체적인 행복에 대해 재미나게 쓴 에세이인데 제목을 보자마자 나는 깜짝 놀랐어. '헉, 저런 제목을 써도 되나?'

아니나 다를까. 내가 이 책을 읽고 있는데 한 학생이 제목을 보더니 "선생님, 이런 책을 읽으면 어떡합니까? 욕을 이렇게 제목으로 써도 되는 거예요?" 하는 거야. 그제야 혹시나

하고 찾아봤더니 역시나 이 '돈지랄'도 표준어였어. '지랄'이라는 말 때문에 당연히 사전에 없는 욕이라고 생각했는데 돈지랄은 '분수에 맞지 아니하게 아무 데나 돈을 함부로 쓰는 것을 속되게 이르는 말'이야. 재밌는 건 발음이 [돈:찌랄]이라는 거.

씨불거리다

예전에 인기 개그 코너에서 유명해진 유행어가 있지. "뭐라 씨부리샀노." 당시에 이 말을 사용한 개그우먼이 중년의 경상도 여성 캐릭터를 연기해서 '씨불거리다' 역시 사투리로 생각하는 사람들이 많았대. 보통 비속어가 된소리 발음에서 비롯되다 보니 욕으로 오해하기 쉬웠어. 그런데 이게 명백한 '현대 서울말'이라는 데에서 한 번 놀라고, 더 나아가 '주책없이 함부로 자꾸 실없는 말을 하다'라는 의미의 표준어라는 데에서 또 놀랐지.

사실 표준어라고는 하지만 활용되는 예시를 보면, 어감이 좋지 않거나 속된 의미여서 '싸우자는 건가?'라는 생각이 들기도 해. 표준어라고 하더라도 그 의미에 따라서 상대방을 기분 나쁘게 할 수 있는 말도 충분히 있을 것 같으니까 공식적인 자리나 어른 앞에서는 당연히 피하고 친한 친구 앞에서도 상황에 맞게, 서로 기분 나쁘지 않게, 재미있게 사용하는 건 어떨까?

고정관념

> 명사

① 잘 변하지 아니하는, 행동을 주로 결정하는 확고한 의식이나 관념.

② 어떤 집단의 사람들에 대한 단순하고 지나치게 일반화된 생각들.

너 그거 고정간염이야.(×)

➡ **너 그거 <u>고정관념</u>이야.**(○)

좋아하는 일을 발견하기 위한 고민,
무난하다

나 이번에 아이폰 사려는데 무슨 색이 좋을까?

아무래도 화이트나 블랙이 문안하지 않나?

　많은 사람들이 틀리지만 틀리면 좀 민망한 단어 중에 '무
난하다'가 있어. 누군가는 가오캥이(가혹행위苛酷行爲: 사람에
게 심한 수치나 모욕, 고통을 주는 행위), 에어컨 시래기(실외기室
外機: 에어컨이 작동할 때 생기는 뜨거운 바람을 실외로 빼내는 기능
을 하는 장치), 마마잃은중청공(남아일언중천금男兒一言重千金:
남자는 한마디의 말을 중히 여겨야 한다는 뜻) 같은 말들이 더 민
망하다고 말하지. 그런데 이런 건 원래의 단어를 알면 금방
고칠 수 있어.

　무난이라는 말은 한자를 풀이하면 없을 무(無)와 어려울

난(難)으로 별로 어려움이 없다는 뜻이야. 이렇다 할 단점이나 흠잡을 만한 것이 없다, 성격이 까다롭지 않고 무던하다는 뜻도 있지. 여기서 눈치챘겠지만 앞의 예에서 '문안'은 잘못된 말이야. 바로 '이렇다 할 단점이나 흠잡을 만한 것이 없는 색'을 의미하기 때문에 '무난'하다고 쓰는 게 맞는 거지.

'무난하다' 대신에 많이 잘못 쓰는 '문안하다'는 물을 문(問)과 편안 안(安)으로 웃어른께 안부를 여쭌다, 혹은 그런 인사를 의미하지. 옛날에는 "어머님 아버님 밤새 안녕하셨습니까?"하며 부모님께 문안인사를 드렸거든. 시골에 계신 할머니께 전화를 드리는 것도 '문안'이라고 할 수 있어. 의미가 완전 다르기 때문에 틀리면 '나 진짜 몰라요'를 인증해주는 단어들이니까 이 기회에 꼭 관심을 가져보자고. 꾸준한 관심과 확인만이 틀린 맞춤법에서 벗어날 수 있는 유일한 방법이니까.

무난한 직업 vs 내가 좋아하는 일

직업(職業)은 생계를 유지하기 위해 자신의 적성과 능력에 따라 일정한 기간 동안 계속해서 종사하는 일을 의미해. 그래서 우리는 직업을 결정할 때 많은 고민을 하게 돼. 특히 남들이 인정하는 무난한 직업을 택할 것인가. 아니면 내가 좋아하는 일을 할 것인가. 대부분 이 사이에서 고민하지. 이건 모든 10대와 20대의 고민이기도 하니까 빨리 결정하지 못한다고 스스로 자책하지 않아도 돼.

요즘 이런 농담이 있대. '행복은 돈으로 살 수 없다. 돈이 없기 때문이다.' 돈이 너무나 필요하고, 또 돈은 우리 삶을 움직이니까 현실을 거부할 수 없어. 다만 돈만 좇는 인생은 성취라고 말하면서 만족할 수 있는 게 돈밖에 없으니까 행복하기 어렵지.

내가 대학을 다닐 때, 잠깐 수학 강사로 일한 적이 있어. 국어국문학을 전공했지만 수학 점수가 늘 높아서 나는 수학을 좋아한다고 생각했지. 그런데 수학 강사를 하는데 증명을 설명하기가 쉽지 않았어. 그때까지 나는 수학에는 공식이 있으니까 증명은 몰라도 된다고 생각했지. 그런데 학생들을 가르쳐보니 수학은 증명이 기본이더라고.

그러다 보니 중학생들에게 증명을 가르칠 때(특히 중2 증명이 복잡하고 어렵더라) 한 번 막히면 등에 식은땀이 줄줄 흘렀어. 그때 직업에 대한 나름의 관점이 명확해졌지. '내가 좋아하는 일을 해야 하는구나.' 생각해봐. 증명이 싫은데 평생 수학을 어떻게 가르치겠어. 술술 풀어줘도 애들이 이해를 못

하는데, 선생님이 칠판에서 헤매고 있다면? 상상하고 싶지 않네.

의사가 꿈이어서 의대에 들어간 친구들도 해부학 시간에 적응하지 못해서 중도에 많이 그만둔다고 들었어. 그러니까 직업을 선택하는 기준은 무조건 '좋아하는 일'이 되어야 하는 거야. 그게 사회가 인정하는 직업과 맞물리면 환상이겠지. 하지만 내가 원하는 게 아니라면 미련 없이 떠나보내야 해. 부모님을 위해서라며 억지로 참으면 나중에 부모님을 더 힘들게 하게 돼. 결국 좋아하는 일이 아니면 오래 할 수가 없거든.

'천재는 노력하는 사람을 이기지 못하고, 노력하는 사람은 좋아서 하는 사람을 이기지 못하고, 좋아서 하는 사람은 즐기면서 하는 사람을 이기지 못한다.' 너무 진부한 말이라 인용하고 싶지 않은데 직업 선택의 기로에서 이만큼 적절한 말이 없네.

어른들이 '좋아하는 일을 찾으라'고 말해놓고는 현실은 팍팍하다며 갑자기 의지를 꺾는 말씀을 건네잖아. 그런데 좋아하는 일을 제대로 몰두해서 즐기면 먹고살 걱정은 안 해도 돼. 좋아하고 즐기게 되면 그렇게 하지 말라고 사정해도 그 누구보다 잘할 수밖에 없는 거니까.

현실을 개척하는 삶 vs 안온한 삶

영화 〈매트릭스〉의 주인공인 네오는 낮에는 평범한 회사원이자 컴퓨터 프로그래머로 일하지만 밤에는 해커로 활동하고 있었어. 어느 날 그는 인터넷으로 이 세계는 가상 세계이며 매트릭스의 지배를 받는다는 의문의 메시지를 받고 당황하게 되지. 그리고 현실 세계에 살고 있는 모피어스를 만나 가상 세계에 대한 진실을 알게 돼.

모피어스는 네오에게 진짜 현실 세계로 갈 수 있는 기회를 주지. 그 유명한 빨간 약과 파란 약을 건네는 장면이야. 빨간 약을 먹으면 매트릭스라는 혼돈스럽고 고통스러운 거대한 진실을 알게 되고 진짜 현실 속에서 살아갈 수 있어. 반면 파란 약을 먹으면 진실과 멀어진 채 가상 세계 속에서 편안하고 무난하게 살아가는 거야. 나는 영화에서 알약에 담긴 메시지가 더 중요하게 느껴졌어.

위험과 고통은 따르지만 주어진 운명에서 벗어나 현실을 개척하는 삶, 그렇게 어려운 성장의 길을 가는 게 맞는 것일까? 아니면 그냥 현재를 받아들이며 남들이 무난하다고 말하는 안온한 삶을 사는 게 맞는 것일까?

진로 선택의 기로에는 늘 이 빨간 약과 파란 약이 놓여 있다는 생각이 들어. 내가 좋아하는 일을 선택하여 어른들이 걱정하는 수많은 역경과 실패를 경험하지만 예상하지 못했던 깨달음을 얻고 성장해나갈지, 아니면 남들이 무난하다고 혹은 가치 있다고 여기는 삶 속에서 '나'를 발견하지 못한 채 그저 안주하며 살아갈지 말이야. 곰곰이 시간을 가지고 천천히 생각해봐. 네가 갖고 있는 네 인생의 가치에 대해. 너는 정말 어떤 삶을 살고 싶어?

무난하다

형용사

① 별로 어려움이 없다.
② 성격이 까다롭지 않고 무던하다.

이번 중간고사 성적은 문안하게 나왔어.(×)
➡ **이번 중간고사 성적은 무난하게 나왔어.**(○)

농담과 학교폭력을 구분하는 기준, 명예훼손

　조금 심각한 이야기를 해볼게. 요새 언론에서 자주 학교 폭력 사건에 대해 보도하지. 예전에는 학교폭력 하면 물리적인 폭력을 말했는데 지금은 언어폭력이 큰 문제인 것 같아. 남을 놀리고 원치 않는 별명을 부르고, 때로는 인격을 비하하는 말들을 하던 학교폭력 가해자들은 친해지고 싶어서, 이름보다 별명이 더 친근해서 그랬다며 말도 안 되는 변명을 한다고 해. 무엇보다 피해자에게 마음의 상처를 주고는 '농담'이라며 넘어가려고 한다지? 그런데 언어폭력의 끝에는 명예훼손이 존재한다는 것을 잊지 않았으면 좋겠어.

'훼손'은 흙손이 아니야

명예훼손은 한자 그대로 풀이해보면 명예(名譽: 세상에서 훌륭하다고 인정되는 이름이나 자랑)를 훼손(毁損)하는 것을 말해. 훼손에는 ① 체면이나 명예를 손상함, ② 헐거나 깨뜨려 못 쓰게 만듦의 의미가 있지. 보통 말이나 글, 언론이나 출판물, 인터넷 등을 통해서 불특정 또는 다수인이 알 수 있도록 타인의 사회적 가치나 평가를 떨어뜨리는 '사실'을 적시(지적하여 보임)하면 성립하는 죄야. 여기에서 말하는 '사실'에는 진실과 거짓이 모두 포함되어 있어. 사실을 이야기해도 명예훼손을 한다고 여겨지면 처벌이 가능한 거지. 허위 사실이면 더 무거운 처벌을 받는 거고.

명예훼손의 사례는 우리 주변에 아주 많아. 말도 안 되는 내용을 SNS에 올려서 '소문 학폭'을 저지르거나 신문에 기사화된 사람의 개인 정보를 아무렇지 않게 인터넷에 공개하는 것도 그중 하나야. 그런데 익숙한 '명예훼손'이라는 단어를 정확하게 쓰는 사람이 거의 없다는 것도 놀랍더라.

연예인이나 SNS의 유명인들이 글을 올리면서 '훼손' 대신 '회손'이라는 단어를 자주 사용했지. 심지어 '명예훼손죄'에 관해 누구보다 전문가라 할 수 있는 법무법인도 광고에 '명예회손죄 제대로 알고 대처해야 한다'라면서 단어를 훼손하더라고.

이 말을 몰랐다고 부끄러워할 필요는 없어. 누구나 한 번 쯤은 틀릴 수 있는 단어야. 이럴 때 틀리지 않기 위해서는 단어의 뜻을 정확하게 알 필요가 있어. 훼손은 체면이나 명예를 손상시킨다는 뜻이야. 그렇다면 '회손'은 뭘까? 회손은 시멘트를 떠서 바르고 반반하게 만들어주는 '흙손'이라는 연장의 방언이라고 해. 이를테면 이런 사용법을 가진 단어인 거지. "좋게 히가꼬 쎄멘 발러. 반드르르혀. 회손이로 이렇게 발러야 해."

그러니 다른 사람의 체면을 손상시킨다는 의미로는 명예회손이 아니라 명예훼손을 써야 맞는 거야.

어떤 때는 말이 가장 큰 상처가 되지

친구에 대한 험담, 밑도 끝도 없이 퍼뜨리는 확인되지 않은 소문, 이런 것들까지 모두 금지하기는 쉽지 않아. 때로는 타인에 대한 뒷말들로 친구들끼리 결속력을 다지기도 하잖아. 뒷말 자체는 명예훼손에 해당하지 않아. 그런데 이런 험담과 뒷말이 많은 사람들이 볼 수 있는 인터넷 공간에서 이루어진다면?

그저 뒷말에서 끝날지 명예훼손으로 확산될지를 나누는 또 다른 기준은 '공연성'이야. 이건 '많은 사람들에게 전파될 가능성이 있는지'를 기준으로 삼고 있어. 그래서 뒷말이라 하더라도 불특정 혹은 다수인이 인식할 수 있는 상황인지를 먼저 확인해야 해. 자신은 한 친구에게 하나의 메시지만 보냈더라도, 그러니까 개별적으로 한 사람에게만 유포했다고 하더라도 이후 그 메시지가 불특정 다수에게 전파되면 공연성이 충족된다고 볼 수 있어. 그렇게 되면 명예훼손죄(모욕죄도) 성립이 가능하다고 해. 그러니 다른 사람을 험담하거나 비하하는 뒷말은 조금 조심할 필요가 있지.

신체에 직접적으로 가해진 상처만이 폭력이라고 생각하기 쉽지만 요즘 학생들은 눈에 보이지 않는 이 언어폭력 자체에서 마음의 상처를 많이 받게 되고 결국 우울증에 걸리거나 극단적인 생각을 하는 경우도 많은 것 같아. 그래서 우리가 말을 할 때, 글을 쓸 때에도 그 사람의 입장에서 생각해보면 좋겠어.

명예훼손

법률

공공연하게 다른 사람의 사회적 평가를 떨어뜨리는
사실 또는 허위 사실을 지적하는 일.

너 인터넷에다 확인되지 않은 소문을 올리는 거
명예회손이야.(×)

➡ 너 인터넷에다 확인되지 않은 소문을 올리는 거
명예훼손이야.(○)

120

틀렸는데 찰떡같다
2

얻다 대고/어따 대고

(얻다 대고/어따 대고) 반말이야!
정답은?

바로 '얻다 대고'야.《표준국어대사전》에 따르면 '얻다'는 '어디에다'가 줄어든 말로 다투거나 비교할 때 혹은 위치를 말할 때 많이 사용하는 단어야. "얻다 놓으면 될까요(위치)?" "얻다 대고 삿대질이야(다툼)!" 한마디로 '얻다 대고'는 '어디에다 대고'가 줄어든 말인 거야.

반면에 '어따'는 감탄사로 '무엇이 몹시 심하거나 하여 못마땅해서 빈정거릴 때 내는 소리'로 정의돼 있어. '아따'와 같은 의미로 쓰이는데 빈정거릴 때나 어떤 것을 하찮게 여길 때, 또는 긍정의 표시 등의 가벼운 감탄사로 사용이 되지. "아따(=어따), 이것도 못하는가?", "아따(=어따), 고놈 참 잘생겼네" 등 음성 지원 제대로 되지? 따라서 "어디에다 대고 반말이야!"를 줄인 "얻다 대고 반말이야"가 옳은 표현이야.

이건 어른들도
틀리던데

오해 없는 소통의 시작

허술한 나를 끌어안는 법,
부치다와 붙이다

　　얼마 전 휴대전화를 구입하고 가장 먼저 떠올린 게 액정
보호필름이었어. 예전에 액정을 깨뜨린 적이 있어서 나는 꼭
휴대전화 보호필름을 붙이는 편이지. 액정보호필름을 사니
한 번에 슬기롭게 붙이는 방법에 대한 설명서가 함께 들어 있
었어. 너무나 간단하고 쉽게 설명이 되어 있지만 실제 붙이는
과정은 녹록지 않아. 먼저 붙였던 사람들의 경험담을 보면 자
신감을 가질 수 있을 것 같아서 블로그의 글들을 읽어나갔지.
그런데 내 눈을 의심하게 하는 단어들이 하나둘씩 보이기 시
작했어.

　　역시 액정이 클수록 액정보호필름 '부치기'가 어려워진다.

　　혹시나 잘못 부착하였을 경우 떼었다 '부치기'가 용이하답니다.

액정보호필름은 '붙이자'

'붙이다'는 일정한 대상이 서로 맞닿아 떨어지지 않게 한다는 의미가 있어. 휴대전화에 붙이는 필름은 어떤 상황에서나 휴대전화를 보호하기 위해 겉옷처럼 입혀주는 것이니까 '붙이다'라고 쓰는 게 맞지. 주말이면 우리가 침대와 붙어서 일어나지 않는 것. 수행평가 과제를 잊지 않기 위해서 포스트 잇 메모를 붙이는 것. 친구 생일케이크에 초를 꽂고 불을 붙이는 것. 새 학기에 맘에 드는 친구를 사귀기 위해서 말을 붙이는 것. 그리고 너희들이 지금처럼 책을 읽으면서 독서에 흥미를 붙이는 것(어떤 감정이 생겨나다). 이 모두는 '붙이다'의 의미로 쓰이는 단어들이야. 머릿속으로 휴대전화에 부착된 보호필름처럼 두 개가 찰싹 달라붙는다는 의미로 생각하면 구분하기 쉬워.

택배나 비행기에 실을 짐은 '부치자'

'부치다'는 편지나 물건 따위를 일정한 수단이나 방법을 써서 상대방에게 보낸다는 의미가 가장 커. 부모님과 함께 여행을 가기 위해 비행기를 탈 때 기내에 캐리어를 가져오지 않고 따로 짐을 부쳐본 적 있지? 다른 사람에게 혹시 택배 부쳐

본 적 있어? '부치다'가 가장 많이 쓰이는 경우는 다른 사람에게 무언가를 보낼 때야.

액정보호필름은 휴대전화에게 '전달'하는 것이 아니잖아. 그러니까 부친다고 쓰면 안 되는 거지. 조금 생소하게 쓰는 의미들도 있는데 이번 기회에 알아두면 좋을 것 같아서 얘기해줄게. 명절 때 집에서 많이 부치는 전 말이야, 프라이팬에 붙여서 영영 안 먹을 건 아니지? 그러니까 부치는 거고 부침개라고도 불러.

'재판에 부치는 것(보내는 것)', '코로나 시대 학생들에게 부치는(보내는) 글'처럼 예상외로 많이 볼 수 있는 말이니까 구분해두면 의미 파악이 쉬울 거야. 아날로그 시대의 편지를 떠올리면 두 가지 의미를 한 번에 잡을 수 있지. 예전에는 편지를 부치기(보내기) 위해 우체국에 가서 편지 봉투에 우표를 '붙여야' 했거든. 지금은 보기 힘든 광경이지만 말이야.

먼지와 기포가 생겨도 괜찮아

막상 휴대전화에 액정보호필름을 붙여보니 먼지가 들어가 있거나 기포가 너무 많아서 고민이 될 거야. 다시 붙여볼까 싶지만 또 걱정이 돼. 혹여나 다시 떼었다가 붙이면 접착력이 떨어지거나 전보다 더 안 좋은 상황을 맞이할까봐 말이야. 사실 눈에 보이지 않는 먼지인 것 같은데 왜 내 눈에는 이렇게 확대경으로 보는 것처럼 커 보이는 건지. 저 기포는 며칠이 지나면 사라진다고 했는데 판매자의 말을 믿어도 되는지.

결국은 이 상태를 견디지 못해 다시 떼는 실수를 하지. 먼지 하나 없고 기포 따위 존재하지 않는 완벽한 액정을 위해서 말이야. 그리고 손으로 이것저것 건드리다가 결국은 또 다른 먼지가 묻고 접착력이 떨어지고 지문이 남게 되지. 보호필름으로서의 기능을 다하게 되어서 결국 제대로 써보지도 못하고 버리게 되는 거야.

우리도 액정보호필름 안에 들어간 먼지처럼 우연히 좋지 않은 상황에 처하게 돼. 이때 나 자신에게 있는 약간의 '흠'이나 '실수'나 '결점'을 확대해석하면서 '나는 틀렸다'느니 '이생망(이번 생은 망했다)'이니 하면서 지레 포기해버리잖아. 필름 안에 먼지가 들어가도 휴대전화의 액정을 보호하는 데는 아무 문제 없어. 작은 먼지일 뿐인데 큰 결점으로 생각하다 보니 액정보호필름의 무한한 잠재력을 그냥 무시해버리는 거지.

하루는 학생들에게 자습시간을 준 적이 있었거든. 공부를 제대로 하고 있는지 보려고 교실 한 바퀴를 돌다가, 맨 뒤에 앉은 짧은 머리에 까맣게 얼굴이 그을린 아이가 계속 다른 친구에게 질문을 하는 장면이 눈에 들어왔어. 딱 보기에도 운동을 하는 학생 같았지. 가까이 가서 보니 친구에게 하는 질문은 '분모의 유리화(중학교 과정이야)'에 관한 것이었어. 그 아이가 이렇게 말했어. "운동하느라 공부를 못 했어요. 그래서 수학 기초가 너무 부족해요. 지금 중3 수학부터 시작하고 있어요. 늦지 않았겠죠?"

고3 학생들을 대상으로 수업을 하면 '포기'가 굉장히 빠른 친구들을 만나게 돼. 절대 평가인 영어 성적이 좋지 않은 것도 목표한 대학에 갈 수 없는 이유가 되고, 수학 기초가 없을 뿐인데 공부 전체를 포기하는 거지. 정말 작은 결점인데 그냥 넘기질 못하는 거야. 그것이 자신의 인생을 흔들 것처럼 생각하거든.

그런데 그 학생의 상황은 너무나 열악한데 그 생각이나 마음가짐은 너무 신선한 거야. 다른 학생들이라면 지레 포기했을 수학 실력을 가지고 있으면서도 '괜찮다', '다시 처음부터 시작하면 된다'라는 긍정적인 마음을 가지고 있었거든.

우리 모두 그 친구처럼 나의 상황에 대해 자책하지 않고, 먼저 포기하지 않았으면 좋겠어. 주위의 완벽한 것들에 대한 동경에 빠지기보다 현재에 집중하면서 나의 결점을 보완할 수 있도록 노력하는 것이 더 중요하니까.

세상에는 완벽해 보이는 것들이 많아. 그래서 사람들은 그런 것과 자신을 비교하면서 많은 것들을 내려놓기도 해. 나는 우리의 삶이 먼지와 기포를 조금 갖고 있더라도 그 역할을 다 해내는 액정보호필름이었으면 좋겠다고 생각해. 먼지가 조금 있어도 자신의 역할을 충실히 다하잖아. 늦은 것처럼 보이는 그 학생처럼 당장은 부족하더라도 우리 앞엔 아직 가지 않은 길이 놓여 있으니까. 우리가 어떤 마음으로 살아가느냐에 따라 그 길은 분명 달라질 거야.

부치다

동사

편지나 물건 따위를 일정한 수단이나 방법을 써서 상대에게로 보내다.

붙이다

동사

맞닿아 떨어지지 않게 하다.

내 짐에다 이름표를 <u>부치고</u> 기내 수화물로 <u>붙였어</u>.(×)

➡ 내 짐에다 이름표를 <u>붙이고</u> 기내 수화물로 <u>부쳤어</u>.(○)

엄친아 앞에서 기죽지 말자,
-데와 -대

비슷한 글자인 데다가 발음까지 거의 똑같이 들리기 때문에 다른 단어들처럼 발음으로 구분하기가 힘들고 정확하게 기억하지 않으면 계속 틀리게 되는 두 글자가 있어. 바로 '-데/-대'야. 이 두 글자는 한 번 알아둘 때 언제 쓰이는지 정확하게 나름대로 규정을 해보는 게 좋아. 그러지 않으면 '-데'를 써야 할 곳에 '-대'를 쓰고, '-대'를 써야 할 곳에 '-데'를 쓰게 되거든.

'-데'와 '-대'가 만드는 커다란 차이

먼저 '-데'에 대해 알아볼게. '-데'는 과거에 직접 경험해서 알게 된 사실을 현재에 그대로 옮겨와서 말함을 나타내는 종결 어미야. '-더라'와 바꿔 쓸 수 있지. '아들이 입대하는데 나도 모르게 눈물이 나데(더라).' 이건 과거에 직접 눈물을 흘린 경험을 회상하며 이야기하는 거잖아. 게다가 '눈물이 나더라'라고 해도 말이 되고. 그러니 '-데'를 쓰는 게 맞는 거지. '집 나와서 생활하다 보니까 집이 그립데(더라)' '그 친구 랩을 아주 잘하데(더라)!' 이처럼 집을 나와 생활한 경험, 내가 직접 들어본 경험 등 '경험'의 의미가 있을 때는 바로 '-데'를 쓰는 거야.

'-대'는 두 가지 의미를 가지고 있어. ① 어떤 사실을 주어진 것으로 치고 그 사실에 대한 의문을 나타내는 종결 어미로 놀라거나 못마땅하게 여기는 뜻. ② '-다고 해'가 줄어든 말.

'연우는 어쩜 그렇게 잘생겼대?' 이건 ①의 의미 가운데 놀라는 경우. '아직 여름도 안 되었는데 왜 이렇게 비가 온대?' 이건 ①의 의미 가운데 못마땅하게 여기는 경우.

①의 의미로 문장에서 쓰이기도 하지만, ②의 의미로 사용되는 경우가 많아. '사람이 아주 똑똑하대(다고 해).' '이번 시험 매우 쉽대(다고 해).' 이 문장이 바로 그 예지. 이렇듯 내가 경험하지 않고 남들에게 주워들은 이야기를 할 때에는 '-대'를 쓴다고 생각하면 돼.

경험한 게 맞아?

-데/-대를 구분하기가 너무 어렵고 복잡하다 싶으면 딱 하나만 기억하면 돼. 경험의 유무. 바로 말하고 있는 주체가 그 '경험'을 직접 한 거냐 아니냐를 잘 따져보면 되는 거지. 내가 직접 경험한 것을 말하는 것이면 '-데', 그렇지 않고 남들이 하는 말을 주워들은 거면 '-대'라고 생각하면 돼. 이 말은 같은 문장처럼 보여도 '-데'를 썼느냐, '-대'를 썼느냐에 따라 그 의미가 달라질 수 있다는 거지.

'한라산 백록담 눈꽃이 정말 멋지데(더라).'

'한라산 백록담 눈꽃이 정말 멋지대(다고 해).'

두 문장은 문법상 크게 문제가 없어. 의미의 차이만 있을 뿐이지. 첫 문장은 '멋지데'라고 썼잖아. 과거에 자신이 경험한 일을 회상하는 거라고 볼 수 있어. 한라산 백록담에 직접 올라가서 본 눈꽃이 정말 멋졌다고 이야기하는 거야.

그런데 두 번째 문장처럼 '멋지대'를 쓴다면? 그건 내가 경험한 게 아니라 들은 이야기를 전달하는 거지. '나는 못 올라갔는데 한라산에 올라간 누군가가 백록담 눈꽃이 정말 멋지다고 말하더라'라는 거지. 둘의 차이점을 분명히 알겠지? 제대로 써야 문장의 의미까지 틀리지 않을 수 있으니까 이번 기회에 꼭 구별할 수 있도록 하자고.

여기에서 확장해서 '-데요/-대요'도 쉽게 구분할 수 있어.

'알고 보니(경험) 그 친구, 초등학교 동창이데요.'

'외국 나가니까(경험) 말도 못 하게 김치 생각이 나데요.'

이처럼 자신이 경험한 사실을 현재의 장면에 옮겨와서 말하는 경우에는 '-데요'를 쓰면 돼.

'오늘 성민이는 학원 땡땡이치고 놀이터에서 놀았대요.'

'아빠는 엄마 외출 중에 소파에서 잠만 잤대요.'

이처럼 내가 아닌 다른 사람의 말이나 행동을 간접적으로 전달할 때에는 고자질의 아이콘 '-대요'를 쓰면 돼. 그래도 모르겠다면 136쪽 표처럼 '-더라(데/데요)'나 '-다고 해(대/대요)'를 넣어보면서 자연스러운 문장을 찾으면 절대 틀리지 않을 거야.

엄마 친구 아들의 진실

학생들에게 일진보다 더 무서운 존재가 바로 '엄친아'래. 엄친아(엄마 친구 아들을 줄인 말)는 집안이나 성격, 머리, 외모 등 무엇 하나 빠지지 않고 완벽한 조건을 갖춘 남자아이를 뜻하는 신조어야. 자매품으로는 엄친딸이 있지. 어렸을 때 엄마의 잔소리 속에 존재하던 그 인물, 빠지지 않고 등장하던 잔소리의 단골 레퍼토리 기억나지? "엄마 친구 아들은…."

왜 갑자기 엄친아 이야기를 하냐고? '-대'와 '엄친아'는 떼려야 뗄 수 없는 짝꿍 같은 존재거든. 어떤 짝꿍인지 궁금하다면 정보 전달을 가장한 엄마의 잔소리를 한번 볼래?

"엄마 친구 아들 예준이 알지? 걔가 이번에 수학 시험에서 만점을 받았대."

"걔는 키도 크고 훤칠하고 잘생겼던데 머리는 또 누굴 닮아 그렇게 똑똑하대?"

시험만 보면 만점에다 잘생기고 똑똑한 엄친아가 등장할 때마다 정말 궁금해져. '내 주위에는 눈을 씻고 찾아봐도 만점은커녕 90점대 점수도 한 명 보기 힘든데, 엄마 친구 딸이나 아들들은 왜 이렇게 공부 잘하고 잘생기고 착한 애들이 많은 거지?'

그런데 엄마가 입에 침이 마르도록 칭찬하던 아이의 진실을 알고 나서 나는 엄친아라는 존재가 어른들 사이에서 매우 조작된 기억의 퍼즐이라는 것을 알게 되었어. 엄친아가 공부 좀 한다고 하면 그게 80점일지라도 나에게 전달될 때에는 금세 만점이 될 수도 있는 것이고, 또 좋은 성적은 어른들에게 얼굴, 키 등의 스펙을 모두 평균 이상으로 만들어주기 마련이거든.

마치 남자아이들이 "예쁜 여자애들은 착하고 성격도 좋고 공부도 잘하더라!"라고 말하는 것과 같은 이치지. 그 이후로는 어떤 엄친아에 대한 이야기도 심각하게 듣지 않게 되었어. 한 귀로 듣고 한 귀로 흘렸지. 그저 남에게 들은 것들을 나에게 전달하는 말에는 조미료가 뿌려져 있다는 것을 알게 되었으니까.

나의 직접적인 경험이 아닌 남의 말을 전달하며 쓰는 '만점을 받았대', '엄마 말을 잘 듣는대', '잘생겼대' 같은 말들은 솔직히 믿을 것이 못 되는 거야. 그러니까 그런 말을 다 곧이곧대로 들으면서 스트레스를 받을 필요는 없어. 그리고 나중에 직접 만나거나 확인해서 팩트 체크를 하게 되면 엄마에게 말해주자고. "엄마, 내가 선생님한테 들었는데 우리 학교에 수학 만점 없대(다고 해). 내가 직접 예준이에게 수학 성적 물어봤는데 사실은 만점이 아니데(더라)."

-데와 -대

문장	① '더라(=데)' 넣기	② '다고 해(=대)' 넣기		정답
엄마는 저녁에 오신(데요/대요).	엄마는 저녁에 오신더라요.	엄마는 저녁에 오신다고 해요.	②	대요
내가 어제 가보니까 마침 미혜도 왔(데/대).	내가 어제 가보니까 마침 미혜도 왔더라.	내가 어제 가보니까 마침 미혜도 왔다고 해.	①	데
아까 밖에 나가보니 바람이 불어 날씨가 꽤 춥(데/대).	아까 밖에 나가보니 바람이 불어 날씨가 꽤 춥더라.	아까 밖에 나가보니 바람이 불어 날씨가 꽤 춥다고 해.	①	데
내일은 날씨가 춥(데요/대요).	내일은 날씨가 춥더라요.	내일은 날씨가 춥다고 해요.	②	대요
서양 사람들도 김치를 잘 먹는(데/대).	서양 사람들도 김치를 잘 먹는더라.	서양 사람들도 김치를 잘 먹는다고 해.	②	대
우리 선생님은 아들만 둘이(데/대).	우리 선생님은 아들만 둘이더라.	우리 선생님은 아들만 둘이다고 해.	①	데
성민이가 나를 좋아한(데/대).	성민이가 나를 좋아한더라.	성민이가 나를 좋아한다고 해.	②	대

늦은 게 아니라 각자의 시간이 있을 뿐, 느지막하다

새해를 맞이하면 몇 가지 다짐하는 게 있는데, 그중 하나가 운동이야. 늘 작심삼일로 끝나지만 매년 시도는 하게 돼. 한번은 헬스장 대신 요가원을 등록했어. 그리고 한 번도 시작하지 않았는데 선생님에게 물었어. "주 3회로 다니면 물구나무는 언제쯤 설 수 있나요?"

물구나무서기는 요가에서 가장 어렵고 전신의 근력이 골고루 있을 때 가능한 동작이기 때문에 수련을 거쳐야만 할 수 있지. 그러니 나 같은 요가 초보는 도전 자체가 불가능했어. 기본적인 자세도 못 하는 내가 처음 등록하러 와서 물구나무서기를 언제 할 수 있냐고 물어보니 선생님 입장에서는 황당했을 거야. 열심히 하면 언젠가 된다는 말에 정말 열심히 했어. 매시간 수업에 참여하면서 내 몸 상태는 전혀 고려하지 않고 무리하게 동작을 따라 했지.

　나는 아무리 애를 써도 안 되는데 옆 사람들은 얼굴 표정 하나 변하지 않고 정말 어려운 자세를 해내니 괜한 오기가 생기는 거야. "회원님, 절대 무리하시면 안 돼요. 안 되는 동작에서는 그냥 쉬셔도 됩니다." 나는 선생님의 조언을 어기고 열심히 따라 했어. 덕분에 나는 결국 요가를 시작한 지 3개월 만에 목디스크로 병원 신세를 지게 되었어.

토끼는 거북을, 거북은 목표를 보았지

　이런 일들이 요가에서만 있었던 것은 아니야. 수영을 배울 때도 마찬가지였어. 킥판 잡고 발차기나 하는 수영 왕초보가 "선생님 저는 언제쯤 접영이 가능할까요?"라고 물어서 선생님을 당황하게 했지. 역시나 열심히 하면 된다는 말에 무리해서 배웠어. 멋지게 접영을 하는 옆 레인만 힐끔거리며 쉬지 않고 수영을 하다가 결국 한 달도 채우지 못하고 그만두고 말았어.

　생각해보면 나는 항상 내가 늦은 것 같았고, 그래서 불안함을 느꼈던 것 같아. 수능을 세 번이나 보면서 대학도 다른 사람들보다 늦게 들어갔어. 당연히 졸업도 늦었지. 친구들 취업할 때 나는 백수였거든. 그러니 사회로부터 늦는 사람(=루

저)이라는 시선을 많이 받았어. 그러니 뭘 할 때마다 주변을 힐끔거렸지. 뭐든 시작할 때 결과를 언제 볼 수 있을지만 고민했던 거야.

그런데 몇 번의 시행착오를 겪으면서 다시 한 번 알게 된 거지. 어떤 목표를 이루는 데 가장 중요한 것은 '빨리빨리'가 아니라 페이스에 맞춰서 무리하지 않고 나아가는 것이라는 걸. 그렇게 최선을 다하고 열심히 나가다 보면 〈토끼와 거북〉의 거북처럼 어느 순간 결승선에 도착할 수 있다는 걸 말이야. 빨리 결과를 내려고 욕심부렸던 상황들이 결국은 하지 않는 것보다 못한 결과를 가져왔으니까.

'느지막하다'라는 단어는 시간이나 기한이 매우 늦다는 의미를 담고 있어. 대부분 늦다라는 말만 봐도 불안해질 거야. 더 빠른 성취를 환영하는 사람들이 훨씬 많으니까. '느지막'하면 불안한 사회지만 늦게 해내더라도 천천히 내 속도에 맞추며 꾸준히 해나가면 뭐든 해낼 수 있더라. '느지막하다'라는 단어에는 사회의 부정적인 시선을 넘어선 생각지도 못한 큰 깨달음이 그대로 들어 있더라고.

낙심하거나 좌절하지 않기

'느지막하다'라는 말은 시간이나 기한이 매우 늦는 것을 의미해. 정해진 때보다 꽤 늦은 감이 있다는 의미로 사용하지. '늦다'와 비슷하게 생긴 말이어서 '늦으막하다'로 착각하기도 하고 경북에서는 방언으로 '느즈막하다'로 쓰는 사람들도 많아. 하지만 둘 다 비표준어니까 주의해야 해.

비슷한 경우의 단어로는 '나지막하다'도 있는데, 높이가 조금 낮은 듯하다는 뜻이야. '우리 동네에는 나지막한 건물이 많다'와 같이 쓰기도 하고 '소리가 꽤 나직하다(소리가 조금 작은 듯하다)'와 같이 쓰기도 해. 노래 가사에서 많이 들어본 '나지막한 목소리로 속삭이다'라는 말처럼 쓰기도 하고 말이야.

이 단어 또한 '나즈막하다'로 쓰지 않도록 주의해야 해. 사실 이런 단어들은 어떤 규칙적인 원리에 따라 만들어지거나 어원이 뚜렷한 것이 아니거든. 그러니까 외워야 해.

주위 사람을 곁눈질하며 빠름을 추종하는 사회에서 느림은 우리 머릿속에 패배자의 이미지로 남아 있을지도 몰라. 나도 사회에서 나를 보는 시선 때문에 그런 느낌을 많이 받아서인지 한때는 느리게 무언가를 하는 행동이나 결과들이 싫었어.

하지만 〈토끼와 거북〉 이야기에서 거북은 자신의 느림을 토끼의 빠름과 비교하며 낙심하거나 좌절하지 않았고 자신의 경주 또한 포기하지 않았지. 열등감 없이, 남의 시선 상관 없이 자신의 상황에서 주어진 일을 최선을 다해 끝까지 해냈던 거야. 성실하게 있는 힘껏 경주를 마쳤을 때 거북이 어떻게 되었는지 기억하지? 거북이 토끼를 이긴 것처럼 상상도 못 한 놀라운 결과를 가져오기도 하는 거지.

거북의 행동처럼 먼저 앞서나가는 것보다 중요한 것은 천천히 가더라도 자신이 생각한 목표대로 꾸준히 걸어가는 것이라는 사실을 잊지 말았으면 좋겠어. 그리고 느림 자체가 부정적인 가치가 아니라는 것도. 느지막하게 일어나면 푹 자서 기분도 상쾌하고 브런치도 즐길 수 있잖아. 그리고 느지막한 걸음으로 산책하면 주변의 아름다운 경치들을 놓치지 않을 수 있으니까.

느지막하다

형용사

시간이나 기한이 매우 늦다.

느즈막하게 여유를 즐기는 게 중요해.(×)
➡ **느지막하게** 여유를 즐기는 게 중요해.(○)

우리는 로봇이 아니니까,
고리타분

고리타분은 '고리(어원 정확하지 않음)+타분하다'의 어근으로 ① 냄새가 신선하지 못하고 역겹게 고리다(썩은 풀이나 썩은 달걀 따위에서 나는 냄새와 같다), ② 하는 짓이나 성미, 분위기 따위가 새롭지 못하고 답답하다, 이런 두 가지 의미를 가지고 있는 한자어가 아닌 고유어야.

우리는 '그는 고리타분한 사고방식 때문에 주변 사람들을 힘들게 한다'와 같이 ②의 의미로 많이 사용하곤 하지. 이 단어는 냄새나 맛이 신선하지 못하다는 의미에서 더 확장되어 사고나 성격, 사람 등에도 쓰이게 되었다고 해.

틀렸는데 의미가 통하잖아

간혹 고리타분을 '골이따분'이라고 쓰는 사람들이 있다는 소리를 들었어. 처음에는 재밌다고 생각했는데 몰라서 틀리는 사람들이 많다는 말에 놀랐어. 이 단어를 왜 틀릴까를 생각해봤지. 그랬더니 오묘하게 발음이 비슷한 거야. 게다가 골이 따분하다는 게 골(중추 신경 계통 가운데 머리뼈 안에 있는 부분으로 '머리'를 일컫는 말), 즉 생각하는 기관인 뇌(머리)가 따분하게 느껴질 정도로 새롭지 못하고 답답하다는 걸 의미하니까 뜻 자체도 너무나 비슷한 거야.

비슷한 말이 또 있어. '소 잃고 외양간 고친다'라는 속담 알지? 소를 잃고 나서 외양간 고쳐봤자 소용이 없다는 말로 한자로는 '망우보뢰(亡牛補牢)'라고 해. 이미 잘못한 뒤에는 손을 써도 소용이 없으니까 미리미리 준비해서 걱정이 없도록 하자는 '유비무환(有備無患)'을 떠올리게 하는 말이기도 하지.

엄연히 '소 잃고 외양간 고친다'는 속담이 있는데도 불구하고 '소 잃고 뇌 약간 고친다'라고 쓰는 사람들이 있는 거야. 어떤 드라마에서도 단순무식의 결정체인 주인공이 취업 자기소개서에 진심으로 이렇게 쓰더라니까. '저 같은 인재를 놓치고 소 잃고 뇌 약간 고치는 일은 벌이지 마시라'고. '소를 잃고 뇌를 약간 고쳐봐야 잃어버린 소를 찾지 못한다'고. 깔깔

거리면서 웃었거든? 그런데 하나하나 뜯어서 생각해보니 틀린 말도 아니더라. 소 잃고(준비 안 하고 안일하게 살다가 그 쓴맛을 보고) 뇌 약간 고친다(뇌, 즉 생각이나 사고를 바꾼다)!

웃음을 위해 저런 말들을 만들어냈나 하기에는 발음도 비슷하고 의미도 어느 정도 통하니 참 절묘하단 말이야. 게다가 '골이 따분하다', '소 잃고 뇌 약간 고친다'는 말들이 틀린 것이 아니라 그럴듯하게 보이기까지 하는 이런 상황이라니. 참 언어는 뜯어볼수록 해석하는 재미가 쏠쏠하다니까.

고리타분하지 않은 사람들이 살아남는 세상

고리타분하다는 것은 과거에 배운 지식에 익숙해졌고 자신이 좋아하거나 믿는 어떤 한 가지를 고수하는 힘이 매우 강력하다는 의미야. 새로운 것을 시도하지 않고 그저 배운 대로만 하는 사람들을 이야기한다고 볼 수 있지. 그럼 반대로 고리타분하지 않다는 것은 어떤 의미일까? 자고 일어나면 많은 것이 바뀌어 있는, 현대의 다양한 변화를 잘 이해하고 활용한다는 의미로 해석해볼 수 있을 거야. 그런 사람은 지금의 사회에서 매우 경쟁력이 있겠지.

어렸을 때부터 AI(인공지능)가 나올 때마다 '나 죽고 나면 일어날 일들이지'라고 생각했었거든? 그런데 얼마 전에 강릉 여행을 갔는데, 유명한 맛집에서 사람 대신 로봇이 서빙을 해주더라고. 아주 정확하고 안전하게. 현대의 기술에 정말 깜짝 놀랐어. 게다가 SF소설 《천 개의 파랑》에 등장하는 AI 콜리는 서빙하거나 물건을 만드는 등 기계적인 것에서 더 나아가 서로 감정을 나누는 존재로 등장해. 인간처럼 감정을 가진 로봇이라니. 그래서 그 로봇과 함께 대화하면서 공감하고 위로까지 받을 수 있다니. 정말 놀랍지 않아?

이렇게 상상도 할 수 없었던 일에는 늘 고리타분하지 않은 사람들의 작은 생각이 모아져 있다는 거. 그러니 우리는 앞으로 빠르게 변화하는 세상에서 민감하게 대응하고 좀더 즐거운 삶을 살기 위해 익숙한 패턴을 깨는 연습이 필요하다는 걸 기억했으면 좋겠어. 늘 하던 대로 고리타분한 생각만 하다 보면 고인물이 되기 십상이고, 지금 우리가 현대에서 누리는 모든 기술의 발전은 이루어질 수 없었을 거야.

요즘 사회에서 어른들은 학생들을 감정기복이 심하고 하나를 진득하게 하지 못하고 변덕이 심하다고 생각해. 그런데 나는 그런 성향들이 자유롭고 창의적인 생각으로 이어져 좋은 쪽으로 발전된다면 분명 멋진 미래를 만드는 데 도움이 될 수 있을 거라고 믿어.

그러니 고리타분한 사고방식은 지양하고 좀더 열린 생각으로 사물이나 현상을 바라보는 센스를 갖길 바라. 무엇보다 우린 로봇이 아니니까 반드시 지침대로 행동할 필요는 없다는 것도 기억하자고. 그러려면 독서가 꼭 필요하다는 것도 잊지 마. 독서는 우리의 삶을 풍부하게 하고 즐거운 상상을 도와주고 무엇보다 로봇처럼 살지 않도록 해줄 테니까.

고리타분하다

형용사

① 냄새가 신선하지 못하고 역겹게 고리다.
② 하는 짓이나 성미, 분위기 따위가 새롭지 못하고 답답하다.

난 이제 골이따분한 사람이 되지 않을 거야!(×)
➡ **난 이제 <u>고리타분한</u> 사람이 되지 않을 거야!**(O)

내 취향에 솔직하기,
되와 돼

"선생님, 저 하나만 부탁드릴 게 있는데요…."

점심시간에 한 학생이 도서관에 찾아와 나에게 쩔쩔매는 모습으로 말을 건넸어. 표정이 좋지 않아서 물어봤어. "도대체 부탁이 뭔데?" "선생님, 저 이거 코팅 좀 해주시면 안 되나요?"

그 학생이 쭈뼛쭈뼛하며 축구 잡지 《베스트 일레븐》 맨 뒷장에 붙어 있던 브로마이드(색이 변하지 않도록 가공한 배우나 가수, 운동선수 등의 사진)를 주더라고. 며칠 전 나에게 "혹시 이거 과월호에 붙어 있는 건데 제가 가져가도 될까요?" 하고 묻길래 쿨하게 가져가라고 허락해줬던 그 브로마이드였지. 잠시 내 눈을 의심했어. 고3 남자 학생이 (물론 아주 유명하고 팬이 많은 선수이긴 하지만) 손흥민의 브로마이드를 코팅한다고? 갑자기 내가 그 엄마에게 빙의되더라고.

"야! 엄마 사진을 그렇게 소중히 다뤄라. 응? 세상에. 엄마 사진은 지갑 안에서 구겨지고 찢어져도 그냥 처박아두면서 손흥민 선수 사진은 코팅을 하겠다고? 아휴. 진짜."

'돼'는 '되어'의 준말

여기서 말하고 싶은 건 정말 잘 틀리는 맞춤법 '안 되나요'와 '안 돼나요' 중에 뭐가 맞는지에 관한 것이야. 이 둘은 어른들도 헷갈리니까 틀려도 부끄러워할 필요는 없어. 이 기회에 정말 머릿속에 쏙쏙 집어넣어서 어른이 되어도 틀릴 일 없게 해보자고.

이 두 개의 맞춤법을 구분하기 가장 쉬운 방법을 보자. '되/돼'가 들어가는 자리에 '되어'를 넣었을 때 어색하지 않고 말이 되면 '돼'가 맞아. 뭔가 어색하고 말이 되지 않으면 '되'가 맞다는 거야. 그리고 '되'는 '되다'의 어간이어서 단독으로 쓰는 게 불가능하지. 반면에 '돼'는 '되어'의 준말(줄임말)이기 때문에 혼자도 잘 쓸 수 있어. 그럼 그 학생이 했던 말을 떠올려볼게.

"선생님, 저 이거 코팅 좀 해주시면 (안 되나요/안 돼나요)?"
이 문장에서 되/돼 자리에 '되어'를 넣어보는 거야. "선생님,

저 이거 코팅 좀 해주시면 안 '되어'나요?" 어때? 너무 어색하잖아. 자 그럼 '돼(=되어)'는 땡! '되'가 맞는 거지. 대표적으로 많이 틀리는 것, 두 가지만 한번 연습해보자.

안 돼요 / 안 되요

안 '되어'요. 말이 되지? 그러니까 이 경우엔 '안 돼요'가 맞아.

안 돼지 / 안 되지

안 '되어'지. 말이 어색해. 그러니까 이 경우엔 '안 되지'가 맞아.

'하'와 '해'를 넣어보기

항상 이렇게 딱 들어맞는다면 얼마나 좋을까. 가끔은 '되어'를 집어넣어도 헷갈릴 때가 있어. 말이 안 되는 것 같은데 자연스러운 것 같기도 하고 말이야. 그럴 때는 '되어' 대신 '하'와 '해'를 집어넣어서 구분하면 돼. '하'가 어울리면 '되'로 쓰고 '해'가 어울리면 '돼'로 쓰는 거야. 예를 보면서 살펴볼까?

여자 친구한테 이별 통보 받아서 얼굴이 많이 안(되/돼) 보이더라

얼굴이 많이 안'하' 보이더라/ 얼굴이 많이 안'해' 보이더라.

둘 중 어떤 단어가 어울려 보여? 둘 다 어울리는 것 같지 않더라도 그나마 자연스러운 걸 찾으면 돼. 그나마 '해'가 어울리잖아. 이럴 땐 '돼'로 쓰는 거야. '얼굴이 많이 안돼 보이더라.' 이게 맞는 거지.

공부하려고 책을 펴 봤는데 이번 시험은 역시 안(되/돼)겠다.

이번 시험은 역시 안'하'겠다/이번 시험은 역시 안'해'겠다.

이쯤 되면 어느 정도 눈치챘겠지? 맞아! '하'가 더 잘 어울리기 때문에 '되'를 써야 해. 이번 시험은 역시 안되겠다. 이게 맞지.

그래, 우리 그냥 외우자

친구 중에 문자를 보낼 때 끝에 '되'를 쓰는 친구가 있어. "관리가 안 되." "그건 절대 안 되." 정말 매번 얘기해주고 싶은데 공개적으로 말하면 안 될 것 같아서 아직도 지켜보고 있어. 직업병인지 모르겠지만 틀린 맞춤법을 보고 있어야 하는 것만으로도 답답한데, 또 누군가에게 그런 말을 한다는 게 더 괴로운 내 마음. 이렇게 맞춤법을 자꾸 틀리면 상대방까지 괴로움을 느끼게 한단다. 앞에서 얘기했지? '되'는 단독으로 문장 끝에 쓸 수 없다고. 그냥 '하'나 '해'를 넣을 필요도 없이 끝은 무조건 '돼'야. 알겠지?

이번 주까지 수행평가 꼭 끝내야 돼.

오늘은 학원을 가야 돼.

손흥민 브로마이드를 꼭 코팅해야 돼.

"무슨 남자애가 브로마이드를 코팅해서 붙여두니? 여학생도 아니고."

"선생님, 지금 하신 말 성차별인 거 아세요? 여자가 남자 배우나 아이돌을 좋아하고 브로마이드를 붙이는 건 괜찮고, 남자가 좋아하는 축구선수 브로마이드 좀 코팅하는 게 어때서요? 남자는 남자 축구선수 브로마이드 좀 벽에 붙여두면 안 되나요?"(이쯤 되면 눈치챘겠지. "안 '되어'(=돼)나요?"가 어색하니 '되'가 맞아.)

"그게 아니라(워워), 그 열정으로 공부를 좀 하라고. 그 마음으로 엄마를 생각하고 구겨진 엄마 사진부터 펴라고."

"선생님도 좋아하는 연예인 사진들 휴대전화 배경에 두고 그러시잖아요. 저는 그러면 안 돼요?"("안 '되어'(=돼)요"가 자연스러우니 '돼'가 맞아.)

"너 독서토론 수업 때 입 꾹 다물고 있던 거 기억하는데, 참 이럴 땐 쓸데없이 매우 논리적이구나. 미안해. 성적으로 차별한 거 사과할게."

그러고는 마음속으로 이렇게 말했지. '응. 난 그렇게 해도 돼. 난 돼.'

되와 돼

'돼'는 어간＋어미 구조로 이루어진 '되어'를 줄인 형태다. 하지만 '되'는 어간 홀로 쓰인 형태이므로 어미가 필요하다.

'되'와 '돼'가 혼동될 때는 '되어'를 넣어서 말이 되면 '돼'로 쓰고, 그렇지 않으면 '되'로 쓰면 된다.

이제는 공부를 해야 되.(×)
➡ **이제는 공부를 해야 돼**.(○)

복수 대신 공감하자,
부라리다

마음에 들지 않고 화가 나거나 다툴 때 눈을 치켜뜰 때가 있지? 아마 사춘기 때 누구나 한 번쯤 해봐서 익숙한 말 '눈을 부라리다'는 사람이 눈을 부릅뜨고(무섭게 눈을 크게 뜨는 것) 눈동자를 사납게 굴리는 걸 이야기해. 그런데 이 '부라리다'라는 단어를 '불알이다'라고 쓰는 사람들이 있다고 해서 깜짝 놀란 적이 있었어.

예전에 한 예능 프로그램에서 우리말 정복을 하겠다며 받아쓰기를 한 적이 있었거든. 외국에서 자라 우리말에 서툰 출연자가 "경규 형이 환갑 잔치에서도 눈을 불알이셨다"라고 위풍당당하게 적어내서 크게 웃었어.

이런 단어는 잘못된 맞춤법이라고 짚어주고 고쳐주고 싶어도 단어를 차마 말로 꺼내기가 부끄러워서 심호흡을 여러 번 하고 말해야 하는데, 생각을 해보자! 불알은 말이야… 여러 말 말고 앞으로는 쓰지 않는 걸로 합시다. 그냥 남이 듣고 보지 않는 걸로 정하면 될 것 같아. 눈을 부라리는 행동도 별로지만 눈을 불알이는 건, 정말 암담하다.

나를 슬프게 했던 부라림

"애들아, 올해 독서수업에서는 한 학기에 한 권 읽기 수업을 진행할 거야. 너희들 진로와 관련된 책이나 관심 있는 책을 읽고 기록하면서 독후 활동을 진행해나갈 거야. 그리고 이렇게 독서를 꾸준히 해나간 부분은 선생님이 관찰해서 생활기록부 과목 세부 특기사항에 관련된 내용들을 기재해줄게. 우선 선생님이 너희들 진로나 독서 성향을 알아야 하니까 나눠주는 프린트를 정성스럽게 작성해서 내자."

새 학기 첫 시간, 올해 아이들과 할 수업에 대해서 말하고 있을 때였어. 고개를 푹 숙인 채로 내 말을 듣지 않고 뭔가를 끼적이고 있는 한 학생이 레이더망에 쑥 들어왔지. 가까이 다가가서 "너 뭐 하니?" 하고 물으니 나를 쓱 쳐다보고는 대꾸도 없이 다시 책상에 펴놓은 문제집을 푸는 거야. 우선은 다른 학생들에게도 방해가 될 수 있어서 "너는 그냥 나중에 이야기하자"하고는 수업이 끝난 후에 그 학생을 불러서 물었지.

"선생님이 이야기하고 있는데 말도 안 듣고 다른 과목 문제집 펴놓으면 어떡하니? 다음 시간부터는 그러지 마!"그랬더니 그 학생이 나에게 눈을 부라리며 그러는 거야.

"저 정시예요. 수시 아니고 수능 볼 거라서 전 어차피 생기부(생활기록부) 필요 없어요."

'생기부 따위는 필요 없으니까 무슨 말을 해도 들을 생각이 없다'라는 단호한 표정과 치켜뜨는 눈을 보며 내 기분도 좋지 않았어. 처음에는 화가 났지만 그래도 어쩌겠어? 이것이 나의 직업적 운명인 것을.

공감은 복수보다 힘이 세다

함무라비 법전에 대해 언젠가 배운 적이 있을 거야. '이에는 이. 눈에는 눈.' 들어본 적 있지? 이 말은 해를 입힌 만큼 돌려준다는 뜻이야. 당시 법에 의하면 자식이 자기 아버지를 때렸다면 그의 손을 잘라버리고, 한 사람이 다른 사람 자식의 눈을 상하게 했다면 그의 눈을 상하게 하고, 누군가가 타인의 뼈를 부러뜨렸다면 그 사람의 뼈를 부러뜨리는 식이지. 이런 걸 복수주의라고 하기도 하는데 복수주의는 고대 법률에서 공통적인 특징이래(고조선의 8조법도 같은 맥락이지).

학생이 눈을 부라리며 "수능 볼 거라서 전 어차피 생기부 필요 없어요. 그러니까 선생님 수업 때 제가 하고 싶은 거 할 거예요!"라고 말했을 때, 이 복수주의가 떠올랐지만, 곰곰이 생각해보니 입시 때문에 초조한 학생의 마음도 이해가 가더라고. 그 학생에게는 '독서' 수업을 따라가는 것보다 '독서' 과목 문제집을 푸는 것이 더 중요했을 수도 있으니까.

그때 삼고초려(三顧草廬)를 떠올렸어. 중국 촉한의 임금 유비가 제갈량의 초옥을 세 번 찾아가 간청하며 제갈량을 군사의 우두머리로 받아들인 것처럼, 그 학생과 여러 번 티타임(우리 학교에서는 1대1로 상담하는 시간을 티타임이라고 불러)을 가졌지. 그 학생에게 "그래, 너는 내신이 전혀 필요 없구나. 그럼 뒷자리에 가서 네가 하고 싶은 대로 공부해"라고 할 수도 있었어. 그게 내 입장에서는 서로 날 세우지 않고 감정적으로 싸우지 않아도 되니까 훨씬 편해. 하지만 그건 그냥 배려로 둔갑한 무시 혹은 방관이나 마찬가지라고 생각했어.

그래서 내 진심을 얘기했어. 마치 내 아들이 미래의 고3이 되었다고 생각했을 때 해줄 조언처럼 말이야. 네가 얼마나 힘든지 알고 있다고. 나도 실패한 경험이 많아서 네 마음을 잘 안다고. 공부를 잘하기 위한 가장 좋은 방법은 목표를 뚜렷하게 갖고 스스로에게 동기부여를 하는 것인데, 진로 독서가 도움이 된다고. 독서가 시간 낭비라고 생각할 수도 있지만 너의 공부 열정에 더 좋은 영향을 끼칠 수 있다고. 나도 고3 때에는 반항적인 생각을 한 적이 있지만 결국 그런 행동이 좋은 쪽으로 연결되지는 않더라고.

몇 번에 걸친 티타임 끝에 조금씩 나의 진심을 알아가는 게 느껴졌어. 어느 순간부터 도서관에서 빌린 책을 펴놓고 읽더라고. 그래서 요즘은 수업시간에 책 이야기를 나누는 사이가 되었지.

"무슨 책 읽고 있어?"

"선생님, 저 원래 철학 책 읽는 거 좋아해요."

"오, 철학 책은 선생님도 좀 어려운데. 대단한데?"

그러자 자기가 읽던 책 표지를 쓱 보여주더라고. 그 학생을 보며 나의 역할에 대해 다시 한 번 생각하게 돼. 그리고 복수보다는 인내와 공감이 더 강하다는 생각도 하게 되고. 역시 유비는 현자였던 걸로.

부라리다

동사

눈을 크게 뜨고 눈망울을 사납게 굴리다.

이제 선생님께 눈 불알이지 않을게요.(×)
➡ 이제 선생님께 눈 부라리지 않을게요.(○)

말에도 짝꿍이 있다,
왠지와 웬

　도서부 아이들과 매년 부지를 만든 지 10년이 다 되어가. 부지가 뭔지 모르는 친구가 있을 것 같아 쉽게 말해보자면 해마다 도서부 학생들의 독후감상문, 시, 기행문 등을 담아 제작하는 일종의 학생 문집이라고 생각하면 돼. 연말이 되면 도서부 학생들은 나와 함께 이 문집에 실을 글들을 쓰고 손보느라 바쁘지. 10년 전만 해도 부지 제작은 학생들이 학창 시절의 추억을 남기고 싶어서 스스로 하던 매우 자발적인 활동이었어. 이런 글 저런 글을 써서 부지에 실어 달라, 첨삭해 달라며 적극적으로 내게 달려왔으니까 말이야.

　시간이 지나면서 자발적인 글쓰기는 사라지고 부지 제작의 전통을 이어가기 위해 학생들에게 글을 할당하는 지경에까지 이르렀지. 그랬더니 또 다른 꼼수가 기다리고 있더라고.

독후감상문이나 기행문은 어느 정도 분량이 되어야 하잖아. 그러니까 '시'를 쓰더라고. 분량도 적고 선생님도 잘 모르고, 시적 허용이나 창작미라는 단어로 포장할 수 있으니까. 주로 사랑 고백 같은 시를 써오는데, 문제는 분량을 적게 쓰기 위해 선택한 그 시가 사실은 사랑 고백의 분위기를 반전시켜버리는 엉터리 맞춤법의 향연이었다는 거지.

실수도 계속하면 그게 실력이거든

오늘은 웬지

그냥 걷고 싶다

너와 함께

시가 끝나기도 전에 "야, 너 일루 와!" 소리가 한숨과 함께 절로 나왔어. 너무 오글거려서? 아니지, 원래 시 감상의 8할은 오글거림 가운데 깨닫는 아름다운 사랑의 감정 아니겠어? 분량에 대한 부담감을 너무 쉽게 떨쳐버린 시행도 괘씸했지만, 한글 문서에 빨간 줄이 가 있는데도 무시하고 시적 허용인 양 우기려고 가져온 시를 보며 한참 생각에 잠겼지.

글이야 고치면 돼. 이렇게 선생님에게 첨삭받을 기회도 있으니까 말이야. 그런데 이 글을 '관심 있는 여자 친구에게 분위기 한껏 잡으려고 보낸다면?'이라고 생각하니까 갑자기 가슴이 답답해지는 거야. 너에게 호감이 있던 여자 친구라면 못 본 척 지나갈 수도 있겠지만, 당장 너를 떼어내고 싶다고 생각했던 여자 친구라면 연락을 끊기 위한 좋은 핑곗거리가 될 수도 있지. '이 글을 보니 오늘은 왠지 정말 널 수신 거부해야 할 것 같은 생각이 드는구나. 잘 지내.' 이렇게 말이야.

〈한글맞춤법〉 총칙 제1항에 보면 "한글맞춤법은 표준어를 소리대로 적되, 어법에 맞도록 함을 원칙으로 한다"라고 쓰여 있어. 이 조항에 따르면 '웬지'나 '왠지'가 발음상 매우 똑같으니까 소리 나는 대로 적다 보면 실수할 수도 있다고 이해하고 넘어갈 수 있어. 하지만 실수도 계속하면 그게 실력이거든. 그래서 이 단어 앞에서만은 당당할 수 있는 방법을 알려줄게.

이 두 단어는 조금만 신경 쓰면 아주 구분하기 쉬워. 5지선다의 문제에 훈련이 잘되어 있는 우리를 생각해본다면 이 두 단어는 우리에게 50퍼센트의 정답률을 선사하는 양자택일의 단어거든. 자, 그럼 둘 중 하나를 어떻게 찍을 건지 한번 볼까?

친구가 있는 왠지, 친구가 없는 웬

'왠지'는 '왜+인지'를 줄인 말이야. '왜 그런지 모르게' 또는 '뚜렷한 이유 없이'라는 뜻을 가지고 있어. 이 단어는 자꾸 이유를 따져. 주위에 그런 친구 있지 않나?

"그거 왜 그렇게 해야 하는데?"라고 시시콜콜하게 따지거나 "선생님, 제가 왜 혼나고 있는지 모르겠습니다"라고 반항기 섞인 말을 뱉는 친구들. 그런 친구들과 함께 있으면 가끔은 '왠지' 심리적으로 피곤하지. 그래도 누구에게나 한 명쯤은 자신을 이해해주는 친구가 있잖아. 결국 '왠'은 자신을 잘 알고 이해해주는 '지'와 결합해. 아무도 그 둘 사이를 갈라놓을 수 없기 때문에 '왠지'는 늘 이 형태로만 존재한다고 생각하면 돼.

이유의 의미를 가진 '왠'은 그를 잘 아는 친구 '지(知)'와만 단짝이라고. 자 이해됐어? 이것만 정확하게 이해했다면 나머지는 너무 쉬워. 이외에 거의 모든 표현에서는 '웬'을 쓰니까. '웬일', '웬 떡', '웬만하면' 등 우리가 평소에 쓰는 대부분의 표현에는 '웬'을 쓴다고 생각하면 돼. '웬'은 '어떠한', '어찌 된', '무슨'의 의미를 가지지. 이제 일상의 장면으로 돌아볼까?

이게 (웬/왠) 피자야? 진짜 네가 쏘는 거 맞아?

친구가 피자를 시키더니 함께 먹자고 했어. 그럴 때 "이게 (웬/왠) 피자야? 진짜 네가 쏘는 거 맞아?"라고 말하겠지? 그렇다면 이제 찍기 신공을 발휘해볼 시간이야. 우리는 이 문장에서 답을 고를 때 딱 하나만 생각하면 돼. 피자에게 이유가 있는지. 피자는 아무 이유가 없지. 그냥 배달 온 음식일 뿐. 그렇기 때문에 '웬'에 동그라미 쳐주면 끝이야. 만약 '왠'이 되어야 한다면 짝꿍을 붙여서 문장을 읽어봐야겠지. "이게 왠지 피자야?" 말이 안 되니까 고민할 필요도 없어.

그런데 이런 상황이 '왠지' 낯설어. 다음에 내가 피자로 갚는다고 안 끝날 것 같은 '왠지' 불길한 예감이 들어. 피자 한 조각을 입에 물었지만 불안하고 초조해. 맞아, 세상에 공짜는 없거든. 이런 기분이 들 때는 '왠지'가 맞아. 상황이 낯선 '이유', 불길한 '이유', 초조한 '이유'에 해당되기 때문이야. (그럴 리 없다고 믿고 싶지만) 이래도 '왠지'와 '웬지'는 구분이 잘 안 된다고? 그렇다면 '웬지/왠지' 가운데 답을 골라야 하는 상황이 온다면 대신 '왜인지'를 넣어봐, 말이 되면 '왠지'가 맞는 거지.

웬일은 격려의 아이콘

시험 기간에는 모두에게 양심이라는 녀석이 작동하는 모양이야. 방에 틀어박혀서 어떻게든 벼락치기를 하며 점수를 올려보려는 진기한 풍경을 엄마에게 선물해주거든. 그러면 엄마가 그런 아들을 보며 혼잣말로 중얼거리지. '우리 아들이 웬일이래?' 엄마가 생각하기에는 자식의 행동이 되게 어색한 거지. 도대체 아들에게 무슨 일이 있었기에 갑자기 행동이 바뀐 건지 의아하기만 한 그때, 바로 '웬일'을 써. 아무도 상상하지 못했던 그런 일들이 일어나는 순간 상대방의 입에서는 '웬일'이 튀어나오지.

시험이 끝나는 날에는 기념으로 책을 빌리러 왔다면서 도서관에 정말 오랜만에 학생들이 등장하면 나도 이렇게 말하게 돼. "어머, 네가 도서관에 웬일이야?" 이 말은 기특하다는 의미니까 기분 좋게 받아들이면 좋을 것 같아. '웬일'은 격려의 아이콘이니까.

왠지와 웬

왠지

부사

왜 그런지 모르게. 또는 뚜렷한 이유도 없이.

웬

관형사

① 어찌 된.
② 어떠한.

'왠지'는 '왜인지'에서 줄어든 말이므로 '왠지'로 써야 한다.

오늘은 <u>웬</u>지 도서관에 가고 싶다.(✕)

➡ 오늘은 <u>왠</u>지 도서관에 가고 싶다.(○)

내 안의 행복 찾기,
굳이

저도 원래는 좀 행복을 수능 점수표처럼 생각했었어요. 남들이 줄 세워놓은 표를 멍하니 올려다보면서 음, 나는 어디쯤인가. 난 어디에 껴야 하나. 올려다보고 올려다봐도 답이 없더라고요. 어차피 답도 없는 거 거기 줄은 서면 뭐해요. 오케이! 그건 니들 기준이고 내 점수는 내가 매기면서 산다 하고 살아요. 남들 보기에 어떻든 나 보기에 행복하면 됐죠.

－〈동백꽃 필 무렵〉 중에서

인용한 문장은 2019년 KBS에서 방영한 〈동백꽃 필 무렵〉에 나오는 대사야. 주인공 동백이가 행복 점수표에 대한 이야기를 하는데 마음에 엄청 와닿더라. 남들의 눈 때문에 자신의 감정에 솔직하지 못하고 늘 불행하게 사는 우리에게 일

침을 놓는 말 같았거든.

동백이는 남들 보기에 어떻든 나보기에 행복하면 된다고 당차게 얘기해. 굳이 알 필요가 없는 다른 사람의 행복함 속에서, 굳이 남들이 정해놓은 틀에서 나의 행복을 재며 살아야 할지에 대해 다시 생각하게 하는 거지. 행복의 문은 남이 아니라 바로 내 마음속에 있는데 말이야.

단단한 마음으로 굳게, '굳이'

'굳이'는 ① 단단한 마음으로 굳게, ② 고집을 부려 구태여라는 의미로 사용해. 굳이 알 필요가 없는 다른 사람의 행복, 굳이 남들이 정해놓은 틀, 굳이 남의 행복에 나를 끼워 맞출 필요가 없는 것처럼 행복에 대한 많은 깨달음을 주는 말에 '굳이'는 빠질 수가 없지. 그만큼 우리가 살아가면서 의식적으로 행복에 대한 나만의 기준을 세워야 한다는 말이야. 단단한 마음으로 굳게, 즉 굳이 말이야.

'굳이' 대신 '굿이' 혹은 '구지'라고 쓰는 사람들도 많아. 아마도 발음 때문일 거야. '굳이'를 발음하면 [구지]라고 소리가 나거든. 이건 바로 어디선가 들어봤을 법한 '구개음화' 때문인데 구개음이 아닌 자음 'ㄷ, ㅌ'이 'ㅣ'로 시작하는 형태를 만나면 발음의 편의성을 위해 구개음인 'ㅈ, ㅊ'으로 소리 나는 현상을 말하는 거지. 붙이다[부치다], 같이[가치], 미닫이[미다지], 피붙이[피부치], 해돋이[해도지]가 비슷한 예야.

예를 보니 '아, 저거!' 하면서 기억나지? 그런데 구개음화에 또 예외가 존재한다네. 굳이 간단히 알아두자면 느티나무를 [느치나무]로 발음하지 않는 것처럼 한 낱말 내(한 형태소나 합성어 내부)에서는 구개음화가 일어나지 않아.

그리고 '굳이' 대신 많이 쓰는 '궂이'라는 단어는 아예 존재하지 않고 '구지'는 ① 땅의 가장 낮은 곳, ② 적에게 쉽게 발견되지 않을 만큼 깊숙이 팬 땅, ③《손자병법》에서 싸우기에 이롭고 불리한 데 따라 구별한 아홉 가지 땅을 의미하는 단어래. 전혀 다른 의미니까 구개음화 때문에 발음이 변한다는 점만 확인해두면 앞으로 절대 틀리지 않을 수 있을 거야.

행복을 어떻게 측정할 수 있어?

〈세계행복보고서 2020〉에 따르면 핀란드는 3년째 가장 행복한 나라로 꼽혔대. 핀란드뿐만 아니라 그 주변의 덴마크나 아이슬란드, 노르웨이, 스웨덴 등 북유럽 국가들이 매년 행복 국가의 최상위권을 휩쓸고 있다고 해. 도대체 어떤 점이 그 나라들을 행복하게 만드는 걸까?

북유럽 국가는 의료 접근성, 실업에 대한 안전망 등 잘 짜인 세부적인 복지 정책들 덕분에 사람들이 안정적으로 살아갈 수 있다고 하지. 게다가 핀란드에서는 자신의 행복이나 성공을 SNS에 올리며 자랑하고 남과 비교하는 문화가 없다 보니 내 행복의 기준이 남에 의해 좌지우지되지 않아. 다른 사람의 틀에 맞출 필요가 없는 거지. 행복 성적표가 존재하지 않고 내가 행복하면 그만이라고 생각하니 나 자신에게 충실할 수 있는 거야.

우리는 늘 다른 사람과 비교를 많이 하는 환경에 노출되어 있어. 반복되는 그 비교의 말들은 마치 내가 잘못 살고 있다는 신호처럼 느껴져.

'난 왜 이렇게 공부를 못 하지?'

'내 인생은 왜 이렇게 잘 안 풀리지?'

'나는 왜 이런 집에서 태어났지? 내가 태어나고 싶어서 태어난 것도 아닌데 억울해.'

그런데 재밌는 게 뭔 줄 알아? 남들이 부러워하는 친구들도 자신의 행복지수가 성적표 맨 위쪽에 있다고 생각하지 않는다는 거야. 또 다른 사람의 삶을 동경하니까. 행복은 성적을 매길 수 없고 주관적인 문제인데, 자꾸 비교를 하니까 더

더욱 힘들어지지.

주관적이라는 말은 내 마음먹기에 달렸다는 뜻이야. 남들이 부러워해도 내가 아래에 있다고 생각하면 불행한 거야. 남들이 불쌍하다고 말해도 마음속 행복 성적표에서 자신이 상위 1퍼센트라고 생각하면 행복한 거고.

로또 한 번보다 치킨이 더 자주 행복을 준대

우리가 행복을 느끼는 데 강도와 빈도 중 어느 쪽이 더 중요할까? 에드 디너 교수와 그의 동료들은 이와 관련된 논문을 발표했어. 논문에 따르면 긍정적인 정서를 자주 느끼는 사람일수록 더 행복하다는 점이 일관되게 발견되었대. 일단 강렬한 기쁨을 주는 사건은 우리가 자주 경험할 수 있는 일이 아닌 경우가 많다는 거야. 로또 당첨이 매일 일어날 수는 없으니까. 결국 강렬한 기쁨은 자주 느끼기가 힘들기 때문에 효과가 오래갈 수 없다는 결론이었지.

너희도 경험했을 거야. 최신형 휴대전화를 샀을 때 그 기쁨이 얼마나 갔어? 한정판 운동화를 가졌을 때 그 기분은? 금액에 따라 다르다고 말하는 친구들도 있겠지만, 생각처럼 그 감정이 오래가진 않았을 거야. 원하는 걸 갖게 되면 우리는 그걸로 만족하지 못해. 또 다른 것이 갖고 싶어지지. 욕심이 많아서가 아니라 대부분 더 많은 걸 갖고 싶어 하니까.

강렬한 기쁨은 일상의 평범함에서 오는 기쁨에 찬물을 뿌리게 되고 오래가지도 못해. 예를 들어 로또는 평생 한 번 당첨되기도 힘들잖아. 치킨은 살아가면서 먹을 일이 많으니까 치킨 먹는 것에 행복을 부여해보자는 거야. 그러면 자주 행복할 수 있어. 굳이 행복의 강도에 집착할 필요는 없다는 거야. 행복은 빈도가 중요해.

결국은 말예요. 정말로 근사하고 행복한 나날이란 건, 막 멋지고 놀랍고 신나는 일들이 일어나는 게 아니라 진주알로 목걸이를 만드는 것처럼 소박하고 사소한 기쁨들이 조용히 이어지는 날들인 것 같아요.

어릴 적 좋아했던 만화 〈빨강머리 앤〉의 정말 사랑스러운 주인공 '앤'이 한 말이야. 행복에 대한 고민이 드는 날엔 늘 속으로 이 말을 떠올리곤 해. 단지 마음 상태를 바꾸는 것만으로도 긍정적이고 행복하게 살 수 있다는 거 잊지 말자! 소박하고 사소한 행복, 즉 소확행을 일상에서 찾으면 돼.

내 삶의 꽃밭 만들기

소확행이라는 말은 일본의 소설가인 무라카미 하루키의 에세이 《랑겔한스섬의 오후》에서 처음 쓰인 말이야. 하루키는 이 글에서 갓 구운 빵을 손으로 찢어 먹을 때, 서랍 안에 반듯하게 정리되어 있는 속옷을 볼 때, 새로 산 정결한 면 냄새가 풍기는 하얀 셔츠를 머리에서부터 뒤집어쓸 때의 기분과 같이 바쁜 일상에서 느끼는 작은 즐거움을 이야기하지.

그 즐거움들을 머릿속에 떠올려봐. 진짜 소소하지 않아? 행복해지기 위해서는 소소하더라도 확실하게 내게 행복을 주는 것들을 찾아내야 해. 행복은 성적순이 아니라 자기 삶에 얼마나 만족하고 있느냐가 결정하는 거니까.

자신의 삶에 만족하기는 결코 쉽지 않아. 사람들은 늘 목표가 저 위쪽에 있고 그것을 성취하고 싶어 하거든. 또 그 성취를 위해서는 많은 시간과 노력이 필요한데, 시간과 노력을 쏟아붓는다고 해도 목표를 성취할 수 있을 거라는 보장도 없고 말이야. 너무 큰 목표라면 더 힘들겠지. 그래서 소확행부터 찾으라는 거지. 애초에 조금 원하면 만족하기는 훨씬 쉽고 행복에 더 빨리 가까워질 수 있으니까.

"선생님, 살아가는 데 돈도 중요하잖아요. 저는 돈이 없으면 불행할 것 같은데요!"라고 말하는 친구들도 많아. 실제로 직업을 선택할 때 돈을 많이 버느냐를 최우선의 기준으로 두는 학생들도 많지. 많은 사람들이 행복해지는 데 돈이 중요하다고 주장해. 돈이 너무 없으면 기본적인 생활이 되지 않으니 불행할 수 있어.

행복한 일은 매일 있어

하지만 '이스털린의 역설'을 보면 소득이 일정 수준을 넘어서면 소득의 증가와 행복은 비례하지 않는다고 해. 소득의 증가가 행복의 증가를 의미하는 것이 아니라는 말이야. 미국 프린스턴 대학의 대니얼 카너먼 교수 또한 삶의 만족도와 행복감을 연구한 결과 가구 수입이 높을수록 삶에 대한 만족도가 높아졌고 행복감도 증가했지만 한 가구의 연간 수입이 일정 수치에 이르면 삶에 대한 만족도가 높아지는 속도가 느려졌다고 해. 소득이 우리에게 물질적인 풍요를 가져다준다는 점에서는 행복에 긍정적인 영향을 끼칠 수 있지만, 이를 절대적 가치로 판단해서 물질만능주의에 빠지는 것에는 주의해야 할 것 같아.

"매일 행복하진 않지만 행복한 일은 매일 있어." 〈곰돌이 푸〉에 나오는 대사야. 행복한 일을 찾는 건 혼자서도 해볼 수 있는 일이야. 그러니 남과 비교하면서 나는 왜 이럴까 너무 속상해하지도 말고 걱정하지도 마. 우리는 충분히 행복할 수 있는 사람이야.

푸가 말한 것처럼 내가 마음먹기에 따라 행복한 일은 매일 있을 수 있으니까 힘내! 그리고 너희들도 소소하지만 확실하게 행복을 주는 일상들을 한번 찾아보자. 수첩에 하나씩 적어보면서 나의 꽃밭을 무엇으로 채울지 고민해보자고.

굳이

부사

① 단단한 마음으로 굳게.
② 고집을 부려 구태여.

구지 다른 사람들과 비교하면서 살고 싶지 않아.(×)
➡ 굳이 다른 사람들과 비교하면서 살고 싶지 않아.(○)

Tip

틀렸는데 찰떡같다
3

대갚음/되갚음

**친구들 앞에서 무안을 당한 (대갚음/되갚음)을 했어.
정답은?**

바로 '대갚음'을 하다야. '대(대할 대 對)갚음'은 남에게 입은 은혜나 남에게 당한 원한을 잊지 않고 그대로 갚음을 나타내는 명사형이야. 동사는 '대갚다'가 아니라 '대갚음하다'여서 유의해야 해. 한편 되돌려준다는 의미 때문에 이 문제의 정답을 '되갚음'으로 많이 알고 있는데 '되갚음' 자체가 표준어가 아니기 때문에 같은 의미를 가지고 있더라도 정답이 될 수 없는 거지. 어떤 사전에서는 '되갚음'의 동사형인 '되갚다'는 ① 남에게 그에 상당하는 대가를 치르게 하다, ② 나에게 그에 상응하는 보답으로 돌려주다라는 의미를 갖고 있다고 해. 의미 자체는 비슷해서 충분히 헷갈릴 수 있지만 되갚음은 비표준어, 대갚음은 표준어로 구분하면서 머릿속에 외워두면 될 것 같아.

이제부터
흑역사는 안녕

제대로 읽고 쓰기 위한 기본기

지름길은 없어,
대가

"선생님 대학에 꼭 가야 하나요?"

수능이 끝나고 수시 정시 발표가 하나둘씩 날 즈음 한 학생이 나에게 물었어. 그래서 내가 되물었지.

"넌 어떻게 생각하는데?"

"솔직히 대학 등록금이 600~700만 원이고 4년 동안이면 5000만 원이 넘잖아요. 제가 생각하기엔 대학 가서 배우는 것도 없는 것 같고, 공부해서 대학 나와도 취업하기 힘들잖아요. 취업해도 월급이 적어서 사는 데 크게 도움이 안 되는 것 같아요. 저는 그냥 대학 안 가고 그 돈을 코인이나 주식에 투자해서 돈을 불리는 게 더 좋을 것 같아요. 20대 후반에 결혼할 때가 되어서 집도 없고 차도 없이 사는 것보다 뭐라도 갖고 있는 게 낫지 않을까요? 저는 대학 가고 공부하는 데 투자

하는 것보다 이게 더 경쟁력 있다고 생각해요."

갈 만한 가치가 있는 곳에는 지름길이 없다

주식, 코인, 부동산…. 온 나라가 '노력 없는 대가'로 떠들썩해. 학생들까지도 수업시간에 나에게 물어보더라. "선생님도 코인해요?" "선생님은 어떤 주식이 전망이 있을 것 같아요?" 쉽고 빠른 길을 선호하는 건 누구나 갖고 있는 당연한 마음이야. 시험 볼 때에도 시험 공부는 안 했지만 마음속으로 은근히 기대하지 않아? '(공부는 안 했지만) 그래도 점수는 잘 나왔으면 좋겠다'라고 말이야. 큰 노력이나 희생 없이 좋은 결과를 맞이하고 싶은 건 모두의 바람이니까. 하지만 미국의 오페라 가수 비버리 실스가 이런 말을 했대. '갈 만한 가치가 있는 곳에는 지름길이 없다.' 인생에서 중요하고 소중한 것은 쉽게 찾아오지 않는다는 거야. 그만한 대가가 필요하다는 거지.

요즘 초등학생들이 가장 선호하는 직업이 뭔지 알아? 바로 크리에이터야. 쉽고 편하게 돈을 벌 수 있어서래. 직접 해보지 않았기 때문에 편하게 돈을 번다고 생각할 수 있는데 막상 경험해보니 쉽지 않은 길이더라고. 나도 크리에이터로 활동해볼까 잠깐 생각했던 적이 있었어. 학생들 개개인에게 독서처방 내려주는 걸 좋아하니까 그런 아이템이면 잘되겠다, 싶었지.

그런데 카메라 앞에 서니까 머릿속이 하얘지고 말이 잘 안 나오고 버벅대는 거야. 그래서 대본을 쓰고 몇 번이나 외우고 영상을 찍어보니 생각했던 것처럼 잘 안 나오더라고. 또 그 영상을 가지고 재미있게 편집하고 자막도 넣어야 하고. 게다가 후속 콘텐츠를 고민해보려니 그런 아이디어를 내는 것도 보통 일이 아니고 말이지.

우리는 5분짜리 동영상을 편하게 보잖아. 그런데 그것을 만드는 사람은 며칠을 꼬박 그 일에 몰두해야 해. 그래야 우리가 '우와' 하는 결과물이 나오는 거야. 대가 없이 소중한 것을 쉽게 얻어내는 마법의 주문 같은 건 없다고 봐야지.

사이시옷을 쉽게 구분하는 세 가지 조건

'대가(代價)'에는 세 가지 의미가 있어. ① 물건의 값으로 치르는 돈. ② 일을 하고 그에 대한 값으로 받는 돈. ③ 노력이나 희생을 통해 얻게 되는 결과, 또는 일정한 결과를 얻기 위하여 하는 노력이나 희생. 다음 문장들을 보면서 각각의 의미와 연결해볼까?

'편의점에서 라면을 사 먹는 대가로 돈을 냈다'라는 문장에서 대가는 라면을 사먹기 위해 치르는 돈이라는 의미이기 때문에 ①의 의미와 통하지. '학생들을 가르친 대가로 월급을 받았다.' 여기서는 일을 하고 받은 돈이니까 ②와 의미가 통한다고 볼 수 있어.

'수학 1등급을 위해 어떤 대가라도 치를 것이다.' '유창한 영어 실력을 위해 매일 새벽에 영어 공부를 하는 대가를 치러야 했다.' 이 두 문장은 공부를 잘하기 위해 혹은 영어를 잘하기 위해 노력하는 걸 의미하기 때문에 ③의 의미와 맞닿아 있다고 볼 수 있지. 의미는 비슷해서 문맥상으로 잘못 쓰는 사람은 없는데 맞춤법에서 사이시옷을 넣어야 할지 말아야 할지를 헷갈리는 사람들이 많아. 그래서 사이시옷을 쉽게 구분할 수 있는 세 가지 조건을 이야기해줄게.

첫 번째, 두 단어가 합해져서 하나의 단어가 되어야 그 사이에 사이시옷을 넣을 수 있어. 처음부터 하나의 단어인 경우에는 사이시옷을 넣을 수 없는 거지.

두 번째, 그 두 단어 가운데 하나는 반드시 고유어(순우리말)여야 해. 순우리말은 한자어가 아닌 말을 의미해.

세 번째, 원래는 없었던 된소리가 나거나 뒷말의 첫소리 'ㄴ, ㅁ' 앞에서 'ㄴ' 소리가 덧나는 경우지.

몇 가지 단어를 예로 들어볼게. '등교(登校)'라는 단어와 '길(고유어)'이라는 단어가 만나면 어떻게 써야 할까? 우선 두 단어가 합해졌으니 첫 번째 조건은 만족하고 있고 고유어 '길'이 들어 있으니 두 번째 조건도 만족해. 그리고 [등교낄]로 발음 나면서 원래는 없던 된소리 발음이 나잖아. 세 가지 조건을 모두 만족시키기 때문에 모양은 조금 이상하게 보이지만 '등굣길'로 적는 게 맞아.

수학 교과서에 자주 나오는 '최댓값'이란 단어도 분석해 볼까? '최대(最大)'+'값(고유어)'이 만났지. 두 단어가 만나고 그중 한 단어는 고유어야. 두 단어 중에 뒤에 오는 단어가 [최대깝]으로 원래 없던 된소리 발음이 나니까 세 조건을 모두 만족시켜서 '최댓값'으로 써야 하는 거지. 그러면 '대가'는 어떨까?

대가(代價)는 代(대신할 대)+價(값 가), 즉 한자어끼리 합쳐진 말이야. 발음이 [대까]로 나니까 '댓가'로 쓸 것 같지만 아니야. 뒤에 원래는 없던 된소리 발음이 난다고 하더라도 고유어 없이 한자어와 한자어의 합성어이기 때문에 사이시옷이 들어가지 않는 것이 원칙이야. 그러니 '대가'가 맞아.

알쏭달쏭한 예외들

한자어의 합성어에도 사이시옷을 쓰는 예외의 상황이 있어. 두 음절로 된 여섯 개의 한자어인 곳간(庫間), 셋방(貰房), 숫자(數字), 찻간(車間), 툇간(退間), 횟수(回數)에는 사이시옷을 써. 세상을 살다 보면 이해되지 않고 그냥 외워야 하는 것들이 많잖아. 이것도 거기에 포함된다고 생각하자.

앞에서 말한 세 가지 조건을 만족해도 사이시옷을 안 쓰는 경우가 있어(이런 예외 규정이 너무 많아서 나는 어문학개론 수업이 힘들었어). '피자집'은 피자(외래어)+집(고유어)으로 두 단어의 조합이고 고유어가 포함되어 있어. 게다가 [피자찝]이라고 원래 없던 된소리 발음도 나니까 사이시옷을 넣어야 할 것 같은데 피자집이라고 쓰잖아.

왜 그럴까? 세 가지 조건을 만족하는 것 같은데 말이야. 피자는 외래어잖아. 사이시옷은 고유어와 고유어의 합성어 또는 한자어와 고유어의 합성어에만 포함되기 때문에 외래어에는 적용하지 않는 거지. '인사말'은 왜 '인삿말'이 아닐까? '인사(人事)'와 '말(고유어)'의 조합이고 발음해보면 [인산말]로 뒷말의 첫소리 'ㅁ' 앞에서 'ㄴ' 발음이 덧나는 것 같은데 말이야.

인사로 하는 말, '인사말'의 표준 발음은 [인사말]이야.

'ㄴ' 발음이 덧나지 않는 거지. 우리가 잘못 발음하고 있는 것이 아주 익숙해서 자주 틀리는 맞춤법 가운데 하나니까 앞으로는 [인사말]로 무미건조하게 발음하자고.

노력 없는 세상은 존재하지 않아

괴테가 말했지. '술을 갈망하는 자, 익은 포도알부터 짜라.' 뭔가 소중한 걸 얻어내기 위해서는 스스로가 노력해야 한다는 이야기야. 요즘은 노력을 하지 않더라도 잘 살 수 있는 이상적인 삶에 대해 이야기하는 사람들이 꽤 많아졌어. 실제로 그것을 위해서 자신의 현재를 버리고 이상적인 상황만 바라보며 방황하는 사람들을 많이 보았고. 하지만 세상에 쉽고 편한 방법은 없고 가령 그런 방법을 찾았다고 하더라도 그 결과는 오래가지 못해. 결국 노력 없이 잘 살 수 있는 그런 세상은 존재하지 않는다는 거지.

"선생님, 재벌 집 자식들은 잘 살잖아요"라고 반문할 수도 있어. 그렇게 생각할 수도 있겠지. 그런데 슬픈 이야기지만 우리는 재벌 2세가 아니고, 잘사는(rich) 기준이 돈이라면 그렇다고 고개를 끄덕일 수도 있겠지. 하지만 인생의 목적은 돈이 아니라 잘 사는(well-being) 것이잖아. 자신의 미래에 대해 고민하고 자신의 삶을 잘 가꿔나가기 위해 적극적으로 노력하는 대가를 치르는 사람이 결국 인정받고 부러움과 존경이 따르는 결과에 도달하게 된다는 것 잊지 마.

대가

명사

① 물건의 값으로 치르는 돈.

② 일을 하고 그에 대한 값으로 받는 보수.

③ 노력이나 희생을 통하여 얻게 되는 결과. 또는 일정한 결과를 얻기 위하여 하는 노력이나 희생.

국어 실력을 향상시키기 위해 매일 책을 읽는 댓가를 치러야 했다.(×)

➡ 국어 실력을 향상시키기 위해 매일 책을 읽는 대가를 치러야 했다.(○)

아직 늦지 않았어,
환골탈태

환골탈태(換骨奪胎)는 중국 남송의 승려 혜홍(惠洪)이 지은 《냉재야화(冷齋夜話)》에 나오는 말이야. 선인(先人)의 시문 형식을 바꾸어서 그 짜임새와 수법이 먼저 것보다 잘되게 함을 이르는 말이야. 어렵지? 간단하게 낡은 제도나 관습 따위를 고쳐 모습이나 상태가 새롭게 바뀐 것을 비유적으로 이르는 말로 쓰지. 또 사람이 더 나은 방향으로 변해서 전혀 딴사람처럼 됨이라는 뜻도 있어.

뼈를 바꾸며 탈퇴해야 하는 곳이 있어?

현대식으로 환골탈태는 환골(換骨: 뼈를 바꾸다)과 탈태(奪胎: 근본을 빼앗다)로 나누어 해석하지. 자세히 들여다보면

① 용모가 환하게 트이고 아름다워져서 전혀 딴사람처럼 됨, ② 뼈대를 바꿔 끼고 태(胎)를 빼앗는다는 뜻으로 형용이 좋은 방향으로 달라짐, ③ 시문을 모방하여 지었으나 그 짜임새와 수법이 먼저 것보다 잘됨 등, '사람이나 사물이 완전히 바뀐 모습'을 의미하는 말로 보면 될 듯해. 우리는 주로 ②의 의미로 환골탈태라는 말을 쓰곤 하는데 오래전부터 반성과 변화의 각오를 다질 때, '뼈를 깎는 고통과 반성'을 통해 새롭게 하겠다는 의미로 많이 사용하기도 하지.

환골탈퇴로 잘못 표현하는 사람이 많은데, 아마도 탈퇴(脫退)는 홈페이지 탈퇴 등 일상생활에서 많이 쓰이는 익숙한 말인 반면 탈태(奪胎)는 그렇지 않아서인 것 같아. 그런데 환골(換骨: 뼈를 바꾸다)과 탈퇴(脫退: 관계하고 있던 조직이나 단체 따위에서 관계를 끊고 물러남)의 의미를 눈앞에 두고 생각해보면 '뼈를 바꾸고 관계하고 있던 단체에서 관계를 끊고 물러난다'라는 의미이니까 앞뒤가 맞지 않는다는 거 알 수 있겠지?

그리고 ①의 의미를 보면 몰라볼 정도로 아름답게 변한다고 해서 외모의 변화를 말하는 것인지 궁금할 수도 있겠지만, 환골탈태는 외적인 아름다움보다 내적인 성장을 말할 때 쓰는 말이라는 것도 잊지 않았으면 좋겠어. "그래, 환골탈태의 각오로 다시 시작하는 거야!" "유능한 새 감독님이 오셨으니

매번 꼴찌를 도맡았던 우리 팀도 환골탈태할 거야." 바로 이렇게 사용하는 말이지.

독서가 재미없는 까닭

고등학교 재학 기간(또는 최근 3년간)에 읽었던 책 중 자신에게 가장 큰 영향을 미친 책을 세 권 이내로 선정하고 그 이유를 기술하여 주십시오.

▶ '선정 이유'는 각 도서별로 띄어쓰기를 포함하여 500자 이내로 작성.
▶ '선정 이유'는 단순한 내용 요약이나 감상이 아니라 그 책을 읽게 된 계기, 책에 대한 평가, 자신에게 준 영향을 중심으로 기술.

이 문장은 서울대학교의 자기소개서에 등장하는 말이야. 서울대학교는 유난히 독서를 강조하는 대학이야. 면접도 독서 면접으로 이루어져 있는데 독서량과 책을 읽은 동기, 책이 자신에게 미친 영향과 후속 독서 등에 대한 질문이 대부분이라고 하더라. 면접에서 현학적인 면을 뽐내라는 것이 아니라 독서로 인해 자신이 살아가는 세계에 대해 얼마나 궁금증과 호기심을 가지게 되었는지, 동시에 그것을 해결하기 위해 어떻게 사고하고 노력하는지, 그 과정을 바로 독서에서 확인해 보는 거야.

한마디로 독서를 많이 한 학생은 스스로 지적 호기심을 자극해서 지적 탐구 역량을 확장시킬 수 있고 자기주도 학습을 할 수 있는 능력이 있음을 보여준다는 거지. 읽는 힘, 쓰는 힘, 생각하는 힘은 모두 독서로부터 나오거든. 그렇기에 진정한 환골탈태를 위해서는 꾸준히 독서하는 습관이 필요하지.

많은 책이 있는 서가에서 한참을 서 있는 학생에게 다가가면 대부분 이렇게 얘기해.

"선생님, 무슨 책을 읽어야 할지 모르겠어요!"

맞아! 책을 읽으려고 마음을 먹었는데 무슨 책부터 읽어야 할지 고민되는 경우가 독서에 큰 장벽일 수 있어. 그럴 때에는 무엇보다 많은 사람들이 읽으면서 좋은 반응을 보였던 추천도서목록이 도움이 될 수 있지. 그런데 피해야 할 것이 있어. 바로 '서울대학교 추천도서 100선' 같은 목록이야.

나에게 필요한 책 한 권 찾기

나는 독서만큼은 자기 수준에 맞게 이뤄져야 한다고 생각해. 왜냐하면 수준에 맞지 않는 책을 자꾸 읽게 되면 좌절감을 느끼고 책에 대한 관심이 떨어지게 되거든. 많이 느껴보지 않았어? 단테의 《신곡》, 가브리엘 가르시아 마르케스의 《백년의 고독》, 도스토옙스키의 《카라마조프가의 형제들》 등 많이 들어본 책들이지? 바로 '서울대학교 추천도서 100선'에 있는 책들이야. 아마 너희들 가운데 이 책을 제대로 완독한 사람은 한 명도 없을 거야.

나에게 좋은 책은 내가 손에서 놓았을 때에도 자꾸 생각나고 계속 읽고 싶은 마음이 드는 책이지, 내게 고통과 절망감을 안겨주는 책은 아니라고 생각해. 그래서 나는 학생들에게 "도서관에 와서 제발 나를 귀찮게 해줘!"라고 얘기해. 바로 학교도서관에 있는 사서 선생님들이 추천해주는 진로나 학년별 추천도서목록을 참고하라는 이야기야.

우리 학교는 작년부터 '홀랜드 직업 유형에 따른 추천도서목록'을 전교생에게 나눠주었는데, 관련 유형의 학생들이 수준별로 혹은 자신의 직업유형별로 책을 쉽게 찾아볼 수 있어서 반응이 꽤 좋았어. 무엇보다 도서관에 자주 들락날락하면서 사서 선생님께 눈도장을 찍고 도움을 청하면 나에게 딱 맞는 1대1 독서처방전을 내려주실걸?

손쉽게 정보가 들어오는 시대이다 보니, "종이책은 촌스러워요", "오래 걸리고 불편해요", "재미없어요"라는 반응이 대부분이야. 밖으로 당장 그 효과가 드러나지 않기 때문에 종이책이나 전자책을 통해 얻는 정보가 무시되는 것처럼 보이지만 결국 남는 건 독서로부터 얻은 지식의 창조적 편집과 사유더라.

이유를 딱히 설명할 수는 없지만 주위에 책 읽는 사람들을 둘러보면 '이 사람은 뭔가 다르다' 싶은 생각이 들고, 대화나 글에서 뿜어 나오는 지적 통찰력이 무지 매력적이잖아. 그 지식의 깊이가 어느 정도인지 측정이 가능하다면 수치를 들여다보고 싶을 정도로.

우리의 환골탈태는 독서로부터

"선생님, 제가 지금까지 읽은 책이라곤 《식객》《신과 함께》 같은 만화책뿐인데, 제가 지금부터 뭘 좀 읽는다고 환골탈태할 수 있겠어요?"라고 물을 수도 있어. 그런데 걱정하지 마. 아직 안 읽은 책이 너무 많으니까 최고의 독서가가 될 가능성이 있지. 앞으로 네가 읽을 책이 다른 사람들보다 훨씬 더 많을 테니까.

삶에서 어떤 희열도 느끼지 못하고 무기력해지는 상황이

오면 두 가지 가능성밖에 없는 거야. 발전이 없는 체념하는 삶을 살거나, 아니면 독서를 통해 다시 새로운 삶을 살거나. 처음에는 당연히 지루하고 고통스럽지. 도서관이 무미건조한 곳처럼 느껴지니까.

PC방이나 노래방, 친구들의 전화 등 많은 유혹이 있을 거야. 하지만 조금씩 참아나가면 다양한 책을 통해 즐거움을 얻고 발전하는 너의 모습을 발견할 수 있을걸? 다양한 지적 사유와 통찰력을 갖게 되는 것. 우리에게 환골탈태란 바로 이런 것이 아닐까?

환골탈태

> 명사

① 뼈대를 바꾸어 끼고 태를 바꾸어 쓴다는 뜻으로, 고인의 시문의 형식을 바꾸어서 그 짜임새와 수법이 먼저 것보다 잘되게 함을 이르는 말.
② 사람이 보다 나은 방향으로 변하여 전혀 딴사람처럼 됨.

나도 환골탈퇴해서 새 사람이 될 거야.(×)
➡ **나도 환골탈태해서 새 사람이 될 거야.**(○)

결심하는 사람들의 말,
할게요

　나는 매년 그해의 버킷리스트(bucket list)를 작성하는 습관이 있어. 버킷리스트는 죽기 전에 해보고 싶은 일을 적은 목록을 말해. 사실 이 말은 높은 곳에 밧줄을 매단 뒤 양동이 위에 올라가 목에 밧줄을 걸고 나서 양동이를 걷어차는 식으로 시도된 자살 방법을 일컫는 '킥 더 버킷(kick the bucket)'에서 유래했대.

　의미를 알고 나니 조금 섬뜩하지만 암에 걸려 6개월 시한부 선고를 받은 두 노인이 병원 중환자실에서 만나 각자의 소망을 실행에 옮기는 영화 〈버킷리스트〉가 흥행하면서부터 소망 목록을 의미하는 단어로 순화되어 많이 쓰이고 있지.

　신년 버킷리스트들은 나 스스로가 뭘 하고 싶어 하는지 발견할 수 있게 도와주고, 삶의 방향성을 보여주지. 구체적으로 계획을 세울 수 있다는 것도 큰 장점이야. 매년 이런 것들을 하나씩 지워나가며 올해도 잘 보냈다고 나 스스로를 칭찬해주기도 해. 내가 말했지? 한번 맛본 성취감은 그다음 단계로 나아가게 해준다고.

그런데 이렇게 쓰기만 한다고 해서 실천이 되는 것은 아니더라고. 한 해가 끝날 때 내가 적어둔 리스트에 줄을 그으며 지우고 싶다면 삶의 목표를 종이에 적는 것에서 더 나아가 사람들에게 공언을 해야 해.

목표 달성이 수월해지는 자율 더하기 타율

아들, 나 올해 유튜브 열심히 해서 실버버튼 받아볼 거야!
엄마, 제가 올해에는 작년보다 5등 정도 성적을 올려볼게요!

공언은 여러 사람 앞에서 명백하게 공개하며 말하는 걸 의미해. 주변에 목표를 말하는 순간 그건 그냥 수첩에 적힌 희망사항이 아니라 이루고 싶게 하는 강력한 힘을 갖게 되거든. 내가 내 버킷리스트를 주변 사람들에게 공언하잖아? 그러면 주위에서 나를 볼 때 이런 말을 해.

"너 올해 책 많이 읽는다더니 요즘은 어떤 책 읽어?"

"책 낸다더니 요즘 원고 집필은 잘되고 있어?"

이렇게 주변인이 나의 목표를 상기시켜주면 나는 말한 것에 책임을 져야 한다는 인식이 강해지는 거야. 바로 행동으로 이어질 수 있지. 평소 읽고 싶었던 책을 주문할 수도 있고, 집필을 위한 아이디어를 하나라도 더 떠올리려고 노력할 수도 있어.

목표를 세우는 것까지는 할 수 있지만 문제는 실천이거든. 다들 해봤잖아. 아무리 수첩에 끼적거린들 행동 없는 결과는 없으니까. 바로 이런 행동에 타율의 힘을 빌리는 거야. 우린 나약한 인간이니까. 자율에 타율을 더하면 목표 달성이 한결 수월해지거든.

공언은 누구에게 하든 어디에서 하든 크게 상관은 없어. 가족이든 친구든 선생님이든 상관없고 블로그나 SNS처럼 공개된 공간에 글을 쓰는 것도 괜찮아. 중요한 건 바로 다른 사람들이 나의 목표를 인지하게 만드는 거지.

"선생님, 저는 체대 갈 거예요!" "선생님, 저는 수학교육학과 가서 임용고시 보고 교사가 되고 싶어요." 이렇게 공언한 친구들이 있으면 나도 그 학생의 진로에 대해서 함께 고민하게 되고 그와 관련된 책을 추천하게 되더라고. 또 그 친구는 그런 순간순간에 여러 자극을 받으면서 자신의 방향을 잡아나가고. 완전 선순환인 거야.

혼자서 목표를 세우면 금방 마음이 풀어지고 포기하게 되지만 다른 사람들에게 나의 목표를 알리면 조금 더 노력하게 돼. 그게 바로 공언하기의 효과니까. 그래서 나도 공언한 뒤에는 독서토론 밴드 등 다양한 커뮤니티에 가입해서 나의 변화 계획과 진행 과정을 다른 사람과 공유하고 함께 성장하기 위해 노력해. 그러면 혼자 할 때보다 목표를 이뤄낼 가능성이 커지는 거지.

30년 전에 쓰던 '할께요'의 귀환

혹시 모르니 제가 이따가 문의해볼께요.
전체 회의에서 결정 사항을 알려드릴께요.

많은 사람들이 주고받는 메시지를 분석해보면 '볼게요'보다 '볼께요'를, '알려드릴게요'보다 '알려드릴께요'를 쓰는 경우가 더 많아. 특히 이렇게 잘못된 표현을 쓰는 대부분의 사람들이 이게 맞춤법에 어긋난다는 사실조차 모를 가능성이 커. 틀리는 사람이 줄어들지 않는 단어, 바로 '-ㄹ게'가 그 주인공이야.

〈한글맞춤법〉은 1933년 조선어학회가 제정 공포한 〈한글맞춤법통일안〉에 뿌리를 두고 있어. 조금씩 수정되면서, 이후 1988년에 바뀐 언어 환경을 반영해서 새로운 맞춤법 규정을 발표하게 되지. 그게 바로 그 유명한 1988년 1월 19일 문체부 고시 88-1호 〈한글맞춤법〉, 88-2호 〈표준어규정〉이야.

이미 종영한 어떤 드라마에서도 맞춤법이 개정되었다는 뉴스가 나오는 장면이 있어. '-읍니다'가 '-습니다'로, '가시요'가 '가시오'로 바뀌었다는 새 맞춤법이 소개되자 드라마 속에서 원고지에 쓴 '읍니다'를 '습니다'로 고치지. 한자어 내에서 사이시옷을 제한하기 시작한 때도 이때이고(예외는 곳간, 셋방, 숫자, 찻간, 툇간, 횟수의 여섯 개만 인정된다고 사이시옷 규정에서 설명했었지?) '권 희린'을 '권희린'으로 성과 이름을 붙여쓰기 시작한 때도 이때부터야.

이때 제53항에서 어미 '-ㄹ게'와 '-ㄹ까'를 각각 예사소리와 된소리로 구분해서 적는 규정을 발표해. '-ㄹ거나' '-ㄹ게' '-ㄹ걸' '-ㄹ세' '-ㄹ세라' '-ㄹ수록' '-ㄹ지' '-ㄹ지어다' '-ㄹ지라도' '-ㄹ진대' '-ㄹ시' 등의 어미는 예사소리로 적는 게 원칙이지. 하지만 의문을 나타내는 어미 '-ㄹ까' '-ㄹ꼬'

'-ㅂ니까' '-리까' '-ㄹ쏘냐' 등은 된소리로 적도록 규정한 거지. 1988년 전에는 '할께'라고 써도 큰 문제가 없었던 거야. 그러니 이 맞춤법을 틀리는 사람은 딱 두 유형이야. 1988년 전에 초등학교를 다녔거나 아니면 아예 모르거나.

결론적으로 '할게(할게요)'는 1인칭의 어떤 행동에 대한 약속이나 의지를 나타내는 종결 어미로 실제 발음은 [할께] 라고 된소리로 나지만 표기는 '할게(할게요)'처럼 예사소리로 해야 한다는 거야. '내가 그거 선물로 줄게.' '이따가 내가 다시 연락할게.' '엄마 학교 끝나고 학원 갈게요.' '이번 시험은 잘 못 봤지만 앞으로 더 잘할게요.' '친구와 사이좋게 지낼게요.'

평소에 우리가 약속이나 다짐을 좀 잘하냐고. 그만큼 문자에 가장 많이 쓰이는 말이야. 습관이라는 게 참 무서운 거 알지? 의식적으로 발음하면서 익혀야 해. 제발 30년이나 지난 '할께', '갈께'는 이제 보내주자. 머릿속에 이거 두 개만 기억하면서. 비의문형 어미에는 예사소리, 의문형 어미에는 된소리.

번외편인데, 서비스업에서 일하는 사람들이 고객에게 높임말을 잘못 사용하는 경우에도 '-ㄹ게'가 사용되더라고. '(식당에서 자리를 안내할 때) 이쪽으로 앉으실게요', '(병원에서) 진료실로 들어오실게요', '(미용실에서) 머리 감으실게요' 등등.

앞에서 '-ㄹ게'는 주체가 내가 되는 1인칭의 어떤 행동에 대한 약속이나 의지를 나타내는 종결 어미라고 했잖아. 그러니까 자신의 행동에 대해 쓰는 것은 자연스럽지만 상대방의 행동에 '-ㄹ게'를 붙이는 건 어색하다는 거 이제 알겠지? '이쪽으로 앉으세요', '진료실로 들어오세요', '머리 감기겠습니다'가 맞는 표현이라는 것도 함께 알아두면 좋겠지?

할게요

우리말 <표준발음법>에 '-ㄹ' 뒤에 연결되는 'ㄱ, ㄷ, ㅂ, ㅅ, ㅈ'은 된소리로 발음한다는 규정이 있다. 이 규정에 따라 '할게요'는 '할께요'로 발음한다. 하지만 표기할 땐 '할게요'가 맞는 말이다.

자기 전까지 숙제를 끝낼께요.(×)
➡ 자기 전까지 숙제를 <u>끝낼게요</u>.(○)

완벽한 시작 말고 도전부터,
유종의 미

"얘들아, 좀 일어나! 정신 좀 차리자!"

어디서 많이 들어본 말이지? 선생님이 학교에서 학생들에게 가장 많이 하는 말 가운데 탑3 안에 드는 것들이야. 오늘도 책상을 침대처럼 여기는 친구들에게 말했어. "잘 거면 여관비 내고 자라!"

이런 상황을 내 주변 사람들에게 이야기하면 다들 입을 모아서 이렇게 말하더라고. "수업이 재미없어서 그런 거 아니야? 수업이 재미있으면 아이들이 안 자고 열심히 들을 수도 있잖아." 맞는 말이야. 수업이 재미없어서 학생들이 졸 수도 있으니 그런 부분에 대해서는 늘 노력해야 하는 것도 잘 알고 있지.

문제는 조는 수준이 아니라 그냥 무슨 수업인지도 모르고

1교시부터 내리 엎드려 있는 학생들이 너무 많아지고 있다는 거야. 무기력하게 늘 자신의 영역에서 일관되게 엎드려 있는 학생들. 오죽하면 어느 반의 급훈이 '쟤 깨워라'일까.

일단 저지르니 어떻게든 되더라

이런 상태를 바로 '번아웃'이라고 해. 학업 스트레스를 제대로 관리하지 않아서 지속적으로 높은 수준의 스트레스를 받으면 탈진하듯이 감정적으로나 신체적으로 많이 지쳐버리게 되는 거지. 그래서 학업에 대한 의욕이나 동기가 떨어지기 시작하는 거야. 여기서 무서운 게 뭔 줄 알아? 한 번에 큰 변화가 훅 오는 게 아니라 서서히 진행되기 때문에 바로 알아차리지 못하는 경우가 있다는 거지.

'아, 어제 공부를 너무 많이 했더니 피곤하다. 오늘은 학교에서 좀 자야지.' '시험 성적이 안 나와서 짜증 나. 에이 오늘은 그냥 엎드려 있을래.' 이런 식으로 나도 모르는 사이에 조금씩 무기력해지는 거야. 그러다 보면 그게 일상이 되어가고 뭔가를 해보겠다는 의욕이나 희망이 사라지면서 학교는 잠을 자는 공간으로 인식이 되는 거야. 그야말로 교실에서 여관비를 내야 하는 상황에 이르는 거지.

누군가는 아무것도 하지 않는 것 역시 하나의 선택일 수 있다면서 이런 무기력 상태를 옹호하기도 하지만 휴식과 번아웃은 조금 다른 의미거든. 무기력은 조금의 희망도 느낄 수 없는 상태에 빠져서 마음이 얼어붙는 것과 같으니까. 그렇기 때문에 이런 무기력의 상태가 되지 않도록 뭐든 해보기 위해서 저지르는 용기가 필요하다는 거야.

학생들과 상담을 하다 보면 이런 말을 정말 자주 들어. "지금 뭔가를 시작하기에는 너무 늦었어요." "전 이미 틀렸어요." 난 모두 핑계라고 생각해. 늦었다고, 틀렸다고 생각하고 있는 지금이 가장 빠른 시작점이라는 거야.

지금 움직여야 미래가 보이는 거니까 시작부터 해봐야 한다는 거지. 희망이 없다고 생각하지 말고 일단 뭐라도 저지르는 거야. 뭔가 시작해볼까 할 때 스스로에게 이런 질문을 던지기도 해. '조금 더 완벽히 준비한 후에 시작하는 게 낫지 않을까?' 제대로 하고 싶은 욕심은 있는데 완벽하게 해낼 자신이 없으니 섣불리 시작하기가 불안한 거야. 그런데 완벽한 준비? 그게 언제 되는 건데? 모든 게 다 갖춰질 때까지 기다리면 또 다른 완벽한 준비를 하고 싶어질걸? 그러다 보면 시작이라는 걸 할 수나 있을까?

내가 시작하고 끌고 가는 삶

블로그에 글을 쓰던 내가 작가가 된 것도 모두 시작 덕분이었어. 평소에도 해보고 싶다는 생각이 들면 우선 시작부터 했지. 물론 준비된 상황이 아니었으니 중간에 많은 어려움이 있었어. 특히 《B끕 언어》를 집필 때는 더했지. 비속어에 대한 원고를 쓸 거라고 머릿속으로 상상한 적이 없었으니까. 원고에 이야기를 담기 위해 길을 걸으면서, 밥을 먹으면서, 잠을 자려고 누우면서도 비속어 생각만 했어(정말이지 내 평생 욕을 그렇게 많이 생각한 적은 처음일 거야).

그런 실패들이 모이면서 새로운 길을 열어내더라고. 한번 글을 쓰기 시작하니까 다른 방향이 보이고, 다시 시작할 수 있었어. 완벽한 길은 처음부터 우리 앞에 펼쳐질 수 없고 우리가 시작을 해야 비로소 완벽한 길로 나갈 수 있다는 걸 그때 알게 된 거지. 그래서 내 인생의 중요 키워드는 바로 '시작'이 되었어. 조금이라도 관심이 있는 분야가 있다면 뭐든 시작부터 한다니까. 그러니까 너희들의 모든 미래는 모든 걸 포기하고 학교 책상에 엎드려 있지 않는 데에서부터 출발한다는 거 잊지 말았으면 좋겠어.

쌀 걷지 말고! 패드립 치지 말고!

유종의 미(有終之美)의 한자를 풀어보자. 있을 유(有), 마칠 종(終), 갈 지(之), 아름다울 미(美)로 이루어진 이 말은 시작한 일을 잘 끝맺고 좋은 결과를 거두는 것을 의미해. 어느 학교에서는 예전에 학급회의 주제가 '유종의 미를 거두자!'였대. 그런데 아무도 그 뜻을 몰라서 쌀 걷자는 얘기로 알아듣고 얼마나 걷어야 하는지 이야기했다더라.

간혹 이 말을 발음 그대로 '유종애미'라고 쓰는 친구들이 있다는 이야기를 들었어. 의미를 몰라서가 아니라 유행처럼 재미로 그렇게 쓴다고들 하던데(그러면서 막상 의미를 물어보면 너희들 모르는 것도 많더라…). 또 어떤 친구들은 패드립(패륜적 드립의 줄임말로 부모님이나 조상과 같이 윗사람을 욕하거나 개그 소재로 삼아 놀릴 때 쓰는 말)으로 저렇게 사용하기도 한다고 하더라고. 장난으로 쓴 유종애미를 패드립이라며 고소하고 싶다는 글을 본 적도 있어. 이름이 '유종'인 친구라면 그런 장난에 화가 날 법도 하지, 그렇지?

그런데 유종의 미는 시작을 격려하는, 우리의 무기력을 거둬줄 좋은 말이기도 하잖아. 그러니까 좋은 의미를 알면서도 재미를 위해 혹은 그냥 장난으로 쓰지 말고 때에 맞게 올바로 쓰는 게 좋을 것 같다는 생각이 들어.

반작용이라는 말 들어봤지? 물체 A가 물체 B에 힘을 작용시킬 때, B가 크기가 똑같은 반대 방향의 힘을 A에 미치는 작용을 말하잖아. 내가 무엇을 시작한 바로 그 지점부터가 힘의 시작인 거야. 어떤 힘도 시작 없이는 어떤 반동도 끌어낼 수 없단다.

나는 이렇게 작은 힘이라도 내지르는 삶을 너희들에게 추천하고 싶어. 내 능력 밖인 것 같아도 일단 저지르고 나면 우리는 어떻게든 하게 되더라고. 그리고 그런 과정을 계속 반복하다 보면 아무 생각 없이 시작한 많은 것들이 결국은 생각지도 못했던 성취를 이루게 한다는 것도 알게 되지. 천 리 길도 한 걸음부터인데 천 리 길을 도달하지 못하는 건 시작, 첫발이 떨어지지 않기 때문이니까.

그러니 시작에 대한 두려움을 잊고 나에게 맞는 삶의 형태를 확인한 다음 시행착오를 겪는 과정에서 내 손으로 이리 빚고 저리 빚어보면서 균형점을 찾아나가자고. 그런 시작과 도전이 있을 때, 유종의 미도 빛나는 게 아닐까.

유종의 미

한번 시작한 일을 끝까지 잘하여 맺은 좋은 결과.

올 한 해는 끝까지 노력해서 <u>유종애미</u>를 거두겠어.(×)

➡ 올 한 해는 끝까지 노력해서 <u>유종의 미</u>를 거두겠어.(○)

좋아하는 것부터 찾아봐,
움츠리다

　초등학교 때부터 학기 초가 되면 장래희망을 조사하곤 했었어. 나는 어렸을 때부터 아무 생각이 없기도 했고 변덕이 심했던 탓에 장래희망도 정말 다양하게 바뀌었지(모두 성적의 벽 앞에서 무너져서 포기하게 되었지만!). 미래의 삶에 대한 진지한 태도가 필요했던 고등학생이 되었을 때에도 나는 여전히 내가 뭘 좋아하는지, 커서 뭘 하면 잘할 수 있을지 잘 몰랐어.

　왜냐하면 그 당시만 해도 진로에 대해 알려주는 정보라곤 모의고사 후에 나오는 입시기관들의 대학별 예상 점수 컷 포스터가 다였거든. 시험을 볼 때마다 성적표에 적나라하게 찍힌 '이 점수로 갈 수 있는 예상 대학'을 보며 움츠러드는 나를 발견했지.

내 인생을 송두리째 바꿀 수 있는 것

첫 제자들이 올해 서른 살이 되면서 사회생활에 한 발을 내디뎠어. 대기업에 입사한 친구들도 있고 자기의 전공을 찾아 지방까지 내려가서 취직한 친구도 있었지. 사업을 시작하겠다고 용기를 낸 친구들도 있었고, 아직도 공부하고 있는 친구들도 있어. 그 제자들 가운데에서 나의 마음을 울렸던 한 학생의 이야기를 해보려고 해.

졸업생들과 SNS로 소통하다 보니 어느 순간 한 학생과 연결이 되었어. 그 학생으로 말할 것 같으면 학교에서 소위 문제아였지. 학교 교칙을 안 지켜서 학생부 단골손님이었고 수업시간에는 선생님에게 말대답은 기본이요, 만만한 여선생님들을 골라 짓궂은 농담을 해서 울리기도 했어.

나도 자고 있는 그 학생을 깨우다 "도대체 나중에 뭐가 되려고 이러니?" 하니까 되레 화를 내면서 "아이씨, 그냥 이렇게 살 거예요. 신경 끄세요"라고 말해 마음의 상처를 입은 적도 있었어. 그러다 보니 당연히 졸업 후에 나와 어떤 교류도 없었고 서로의 안부를 궁금해하지도 않았지.

그런데 그 학생이 SNS를 통해 10년이 지난 이 시점에 나에게 진심 어린 사과를 건네는 거야. "선생님 그때 너무 죄송했어요. 제가 그때 너무 철이 없고 선생님께 함부로 대한 것

208

같아서 죄송합니다. 이 말 꼭 전해드리고 싶었어요." 정말 놀랐어. 시간이 지나 SNS상에서 만난 그 아이는 완전 다른 사람이 되어 있었던 거야.

졸업 후에 미용 기술을 배워 유명한 미용실에서 디자이너가 되었다는 것만 봐도 얼마나 많은 노력을 하고 힘들었을까 싶어 콧등이 찡했어. 그리고 자기가 좋아하는 일을 하며 성실하고 긍정적으로 살아가는 모습을 보니 눈물이 날 것 같더라고.

학교는 공부를 잘하는 학생에게는 최고의 무대이지만 공부랑 담쌓고 지냈던 이 학생에게는 자존감을 잃어가는 그런 공간이었을 거야. 그런 이유로 학교에 대한 거부감도 컸을 테고 무대 가운데에서 스포트라이트를 받는 아이들에게만 박수치고 관심을 갖는 선생님이라는 존재도 싫었겠지. 다 싫으니 반항했을 것이고 질타를 받으니 더 엇나가고 싶었을 거야. 악순환이었던 거지. 괜히 내가 미안한 마음이 들었어.

며칠 전엔 그 제자의 SNS에서 이런 글을 봤어. "그래도 미용할 때가 젤 행복하니까. 극복하고 버텨야죠. 다들 파이팅!" 학교에서는 늘 움츠려 있던 학생이 뒤늦게 좋아하는 일을 발견하고 그것에 몰입하면서 자신의 행복을 찾아가는 모습을 보면서 내가 덩달아 행복해지더라. 좋아하는 일을 한다는 것은 바로 이런 거야. 내 인생을 송두리째 바꿀 수 있는 것. 행복한 삶을 살 수 있게 되는 것.

유사한 발음에 주의할 것

'움츠리다'는 몸을 오그려 작게 한다는 의미를 가지기도 하고 겁을 먹거나 위압감 때문에 기가 꺾이거나 풀이 죽는다는 의미로 사용되기도 해. 누군가를 위로하거나 격려할 때 "움츠린 어깨 활짝 펴고 다시 시작해!"라고 하는 경우에는 전자의 의미가, "부모님께 너무 죄송스러운 마음에 움츠리며 살았어"라고 하는 경우에는 후자의 의미가 있지.

공부를 못해서 교실에서 나도 모르게 움츠러들거나 내가 좋아하는 일을 말하면 비웃거나 반응이 싸해서 나도 모르게 움츠러드는 것도 다 이렇게 풀이 죽는 것을 의미하지. 몸이 작아지는 거냐, 기가 꺾이는 거냐에 따라 미묘한 차이는 있지만 의미상 크게 차이가 있는 것은 아니라서 문맥에 맞게 쓰는 것에는 문제가 없는 단어야. 그런데 기사 제목에서까지도 맞춤법의 오류가 날 정도로 많은 사람들이 헷갈리는 단어야.

바로 '움추리다'라고 쓰는 경우 때문이지. '움츠리다'의 '움'에 있는 모음 'ㅜ' 때문에 뒤에 따라오는 '츠' 역시 '추'로 발음해서 이렇게 잘못 쓰는 경우가 많은 거야. '움추리다'는 '움츠리다'의 방언으로 비표준어니까, 발음이 비슷하다고 해서 그대로 쓰면 안 된다는 것을 주의해야 해. 비슷한 형태로 수구리다(×)/수그리다(○), 웅쿠리다(×)/웅크리다(○), 쭈구리다(×)/쭈그리다(○) 등도 있으니 함께 알아두면 틀리지 않겠지.

인생을 멋지게 살아가기 위한 방향키

《소년의 레시피》라는 책을 보면 표지에는 한쪽에 가방을 메고 동그란 안경을 쓴 채 이어폰을 끼고 있는 남학생의 모습이 그려져 있어. 그리고 한쪽 손엔 조금 어색해 보이는 장바구니가 등장해. 바로 이 책의 주인공인 제규의 모습이야.

제규는 요리사를 꿈꾸는 친구야. 일반고에서 다른 친구들이 좋은 대학을 가기 위한 목표를 정했을 때 제규는 '해야 할' 공부 대신에 '좋아하는' 요리를 하기로 마음먹지. 일반고에서 요리를 하는 학생이라니…. 어찌 보면 성적이 안 되니까 진로를 바꿨다는 시선을 받을 수도 있고 공부를 잘하는 것도 아니니 인정받지 못한다는 생각에 움츠러드는 상황이었을지도 몰라.

하지만 제규는 그런 상황에서 한 치의 움츠림도 없이 자신의 삶을 요리하는 소년으로 성장했지. 많은 학생들이 남들이 선호하는 직업을 갖지 못하거나 그런 능력이 되지 않으면 소심해지고 작아지기 마련이거든. 하지만 요리사가 꿈이라고 당당하게 말하는 제규나 뒤늦게 자신이 좋아하는 일을 발견해 열심히 살아가는 미용사 형을 생각해봐. 자신이 좋아하는 일을 하면서 행복을 느끼고 그런 삶 자체를 사랑하는 모습이 너무 멋지지 않아?

직업에는 귀천이 없고 모든 직업은 존중받아야 한다고 다들 말하지. 하지만 내가 경험한 사회는 직업에는 귀천이 없다고 하면서도 성적대로 줄 세워서 굳이 귀천을 구분했어. 모든 직업은 존중받아야 한다고 하면서도 몸을 쓰는 직업을 갖는 사람들을 존중하지 않는 게 사실이야.

하지만 너의 꿈을 남들이 하찮게 본다고 해서 움츠러들 필요는 없어. 그것이 돈을 많이 버는 직업이거나 엘리트 집단에 올려주는 직업이 아니라고 해도 말이지. 그런 물질적인 가치가 중시되는 사회에서도 결국은 평생 하는 일을 얼마나 즐겁고 행복하게 오랫동안 해나갈 수 있느냐가, 인생을 멋지게 살아가는 중요한 방향키가 되니까.

움츠리다

동사

① 몸이나 몸의 일부를 몹시 오그리어 작아지게 하다.

② 겁을 먹거나 위압감 때문에 몹시 기가 꺾이거나 풀이 죽다.

이제는 <u>움추리지</u> 않고 내가 좋아하는 일을 찾을 거야.(×)

➡ 이제는 <u>움츠리지</u> 않고 내가 좋아하는 일을 찾을 거야.(○)

나의 가치는 내가 정하는 것,
값어치

스스로를 가난하고 보잘것없다고 여긴 한 학생이 비관에 빠져 선생님에게 물었대. 누구도 나를 원하지 않는데 내가 사는 게 무슨 의미가 있느냐고. 그 물음에 선생님은 그 남학생에게 소나무가 그려진 그림을 건네주며 말했지. 내일 아침에 이 그림을 가지고 시장에 가서 팔라고. 하지만 누가 얼마를 준다고 해도 절대 팔지 말라고.

학생은 다음 날 시장에 가서 소나무 그림을 판다고 소리쳤어. 조금 있으니 그림을 사겠다는 사람들이 하나둘씩 나타났지. 하지만 선생님이 말한 것처럼 그림을 팔지 않았어. 시장에서 돌아온 남학생이 그 이야기를 하자 선생님이 웃으며 내일은 그림을 도시에 나가서 팔아보라고 했지. 남학생은 선생님의 말씀대로 번화한 도시에 그림을 가지고 나갔고 그 그림의 가격은 전날보다 20배나 뛰었어. 비싼 값에도 학생이 그림을 팔지 않으려고 하자 사람들은 그것을 '작품'이라고 부르기 시작했대. 어떤 사람은 이 작품과 다른 작품들을 가지고 전시회를 열어보지 않겠느냐고도 했어.

학생이 도시에서 있었던 이야기를 선생님에게 전하자 선생님이 웃으며 말했어.

"사람의 가치는 그 그림처럼 어떤 환경에 처하느냐에 따라 달라진단다. 그림은 창작물이기 때문에 보는 사람에 따라 값어치를 다르게 측정하지. 설령 그게 하찮은 그림이라도 누가 바라보느냐에 따라서 그 가치가 달라진다는 거야. 네가 이 그림과 같다는 생각이 들지 않니? 그 어떠한 것보다도 중요한 사실은, 네가 스스로를 소중하게 대할 때 비로소 네 인생의 가치가 올라간다는 거야. 그게 가치 있는 삶을 위한 첫걸음이 되겠지."

자존감은 도대체 어떻게 만들어질까?

바로 앞에서 언급한 이야기는《오늘은 이만 좀 쉴게요》라는 책에 나와. 누가 보느냐에 따라 그 가치가 달라지는 그림처럼 우리도 스스로를 소중하게 생각하면 내 가치가 올라간다는 이야기지. 이런 비슷한 레퍼토리, 어디서 많이 들어본 것 같지 않아? 맞아, 바로 자존감에 대한 이야기야. 자존감은 자아존중감(self-esteem)의 줄임말로 자신을 존중하는 마음을 의미해. 유아기, 아동기, 청소년기를 통틀어 가장 중요하게 생각하는 가치인 '자존감'은 새롭게 다가오는 시대에 꼭 갖춰야 할 덕목처럼 이야기되기도 하지.

자존감이 높은 사람은 주위 사람들과의 관계도 원만하고 어떤 일이든 즐겁고 행복하게 해낼 수 있으며 어떤 역경이든 이겨낼 수 있는 힘을 가진 사람이거든.

〈세상을 바꾸는 시간 15분〉이라는 프로그램에서 '내_일을 이루다'라는 주제로 숙련기술인 특집 강연회를 한 적이 있었어. 사진작가, 교수, 스타트업 대표 등 강연회에서 자주 볼 수 있는 사람들 가운데에서 눈에 띄는 사람이 한 명 있었지. 바로 용접기술자인 김일록 명장이었어.

용접에 대해 들어본 적 있어? 용접은 금속 재료에 열과 압력을 가해서 고체 사이에 직접 결합이 되도록 접합시키는 일을 말해. 용접은 단순한 업무로 치부되고 땜질이라며 직업적 비하를 당하기도 했어. 그런데 김일록 명장은 모두가 절대 그 일만은 하지 말라고 말릴 때 '용접'을 선택했대. 모두가 하기 싫어하는 일이라 취업을 빨리 할 수 있다는 이유로 말이야.

어느 날 열심히 일을 배우는 자신을 보며 한 선배가 불러서 이렇게 이야기를 하더래.

"일록아, 너 이 일에서 뭐가 제일 중요한지 아나?"

"네?"

"바로 양심이다."

다른 작업은 바로 측정을 해서 결과를 확인할 수 있지만 용접은 X선이나 초음파 검사를 하지 않고선 내부 결함을 알 수가 없어. 한마디로 작업한 본인만 결함을 알 수 있는 거였지. 용접이 잘못되면 최악의 결과가 나오는데 말이야.

그때부터 생각했대. '나는 지금 엄청난 일을 하고 있는 거구나.' 물론 현장에서 땜질을 하는 것은 무시받기 일쑤였어. 몸을 쓰는 일에 대한 우리나라 사람들의 인식 때문이었지. 하지만 한 우물만 40년을 판 그는 결국 대한민국 항공 엔진 기술을 한 단계 끌어올린 엔지니어가 되었어.

아마 그가 용접을 배우는 내내 밥벌이를 위한 수단 혹은 하찮은 일이라고 생각했으면 결코 그 자리에 서지 못했을 거야. 그런데 그가 스스로 내가 하는 일을 값어치 있는 굉장한 일이라고 여겼기 때문에 '적당히' 해도 된다는 생각 자체가 사라졌고, 자신의 가치를 믿고 열심히 지금까지 일하게 된 거였지. 김일록 명장은 지금도 출근할 때면 자기 스스로에게 말을 건넨대. "나는 지금, 실로 어마어마한 일을 하고 있다"라고.

나는 공부만이 전부인 세상에서 살아왔어. 그래서 마음속으로 용접을 하는 사람들이나 그 환경에 대한 이해가 부족했고 그들이 자신의 일에 대해 큰 사명감을 가지고 있을 거라고 생각해본 적이 별로 없었어. 내 마음속에서 나도 모르는 사이에 직업에 대한 차별적인 인식을 가지고 있었던 거지.

난 학생들의 성장을 옆에서 지켜보며 조언할 수 있고, 내 말 한마디에 한 학생의 인생이 달라질 수 있는 정말 가치 있는 일을 하고 있어. 그런데도 나에게 대들거나 욕하는 학생들을 마주한 날이면 정말 모든 게 싫어지기도 해. 그러다 결국 '난 이거밖에 안 되는 사람'이라고 자책한 날도 많았어. 내 가치를 스스로 떨어뜨렸던 거였지. 그런데 김일록 명장의 이야기는 나에게 내 가치를 끌어올리는 것은 나 자신이라는 생각을 다시 한 번 하게 했지. 내가 나를 소중하게 여기면 내 값어치가 올라갈 수 있다는 걸 알려준 거야.

근거 없는 자신감 갖기

자존감을 높이기 위해선 뭘 하면 좋을까? 자아존중감은 자신을 존중하는 마음이잖아. 그래서 나 스스로가 떳떳하고 자신감이 있으면 돼. 다른 사람들이 나를 칭찬한다고 해서 내 자존감이 좋아지는 건 아니거든. 자기 스스로가 좋은 사람이라고, 잘하고 있다고 스스로 인정하면 되는 거야. 그럼 그렇게 인정하는 방법은 뭘까? 나는 근거 없는 자신감(근자감)을 갖는 게 중요하다고 생각해.

다들 마음속으로 '이 정도쯤이야', '나 정도면'이라는 마음을 품어본 적 있지 않아? 바로 그런 감정이 근자감의 출발선인 거지. 그런 마음을 품으면 소극적인 사람은 도전할 용기를 갖게 돼. 겪어보지 않은 것에 새롭게 도전해야 할 때 주눅들지 않고 자신감을 가질 수 있게 되는 거지. 이런 용기나 자신감이 모여 '난 잘할 수 있어!', '까짓것 아무것도 아니야!'와 같이 근거 있는 자신감이 되고, 그런 자신감이 '나는 잘 해낼 수 있는 가치 있는 사람이야!'라며 자신의 값어치를 높이고 자존감을 채워주는 거야. 그러니까 근자감 자체를 부정적이라고 생각하는 대신 새로운 뭔가를 이뤄내기 위한 디딤돌이자 동력이라고 생각하면 좋을 것 같아.

내가 학생일 때만 하더라도 사회가 인정하는 성공의 키워드는 '성적'이었어. 공부를 잘해야 좋은 대학에 가고 그래야 취직도 잘하고 성공한다는 말을 귀에 피가 나도록 들으면서 자랐지. 서울에 있는 대학을 못 가면 망하는 줄로만 알고 성적표가 나오는 날엔 눈물로 하루를 지새운 적이 많았어.

그런데 지금은 성공의 공식이 조금씩 바뀌어가고 있어. 책상에 앉아 공부만 하다가는 뻔한 일만 하면서 쳇바퀴 도는 삶을 살게 된다며 평범한 사무직은 지양하고, 개인의 개성과 창의력을 중시하는 스타트업을 높게 평가하는 사회로 변하고 있잖아. 실제로 래퍼나 셰프, 크리에이터처럼 자신이 좋아하고 잘할 수 있다고 생각하는 일을 하면서 새로운 분야에서 멋진 삶을 살아가고 있는 사람들이 TV에서도 조명되고 있고. 그러니 근자감으로 조금씩 자신의 관심 분야에 노크를 해보는 거야. 공부를 잘하지 못해도 자신의 가치를 알고 그것을 온몸으로 표현하며 도전하면, 그런 작은 도전들이 모여 네가 상상하지 못하는 미래에 다가갈 수 있을지도 몰라.

내 값어치를 높이기 위해 가보치부터 고치자

이게 그 가격만큼의 가보치가 있는지 써봐야 알겠습니다.

한 커뮤니티에서 이 글을 보고 크게 웃은 적이 있어. 외래어를 한글로 옮겨 쓰다 보면 가끔 발음 나는 대로 쓰기도 하잖아. 그래서 처음에는 '가보치'가 외국 브랜드인 줄로만 알았어. 아니면 갈치나 꽁치처럼 '-치'가 들어가는 생선 이름이라고도 생각했지.

그런데 문맥을 짚어보며 읽어보니 '값어치'인 거야. '에이, 정말 실수로 저랬겠지. 진짜로 저렇게 쓰겠어? 설마 이렇게 알고 있는 사람이 많지는 않겠지?'라고 생각하며 '가보치'라는 단어를 검색창에 입력하고 찾아봤어.

그랬더니 '가보치' 있는 것을 득템 했다는 사람, 그만큼 '가보치'를 하는 피규어라 좋다는 사람, 비싼 만큼 '가보치'를 한다는 사람 등 값어치를 잘못 쓰는 사람이 너무나 많더라. 발음 나는 대로 쓴 '가버치'라면 발음 때문에 헷갈렸나 보다라고 이해라도 해볼 텐데 가보치라니. 그래, 틀릴 수도 있지. 진심으로 '가보치'라고 생각했을 수도 있어.

중요한 건 오늘 제대로 알아두고 다음부터는 안 틀리면 된다는 거야. 내 값어치를 높이기 위해 근자감 갖는 것도 중요하지만 그전에 '가보치'부터 고쳐 써보는 게 급선무라는 생각이 드는구나. 그럼 왜 '가보치'가 아니고 '가버치'도 아닌, '값어치'가 맞는 맞춤법인지 한번 살펴볼까?

맞춤법이 자존감이다

〈표준어규정〉제20항에 따르면 "명사 뒤에 '-이'가 붙은 말은 그 명사의 원형을 밝히어 적는다('-이' 이외의 모음으로 시작된 접미사가 붙어서 된 말은 그 명사의 원형을 밝히어 적지 아니한다)"라고 되어 있어.

앞에서 많은 사람들이 틀린 단어인 '값어치'는 일정한 값에 해당하는 분량이나 가치를 이야기해. 명사인 '값'에 '-어치'(금액을 나타내는 명사 또는 명사구 뒤에 붙고 영어 표현에서도 worth나 value의 의미를 갖는다)라는 접미사가 결합한 것이지. 분명 이 단어는 '-이' 이외의 '-어치'라는 모음으로 시작된 접미사가 붙어서 된 말이야. 그래서 이 조항대로라면 원형인 '값'을 그대로 적는 대신, '갑서치(값+어치)'로 적고 [갑서치]로 발음하는 게 맞을 거야.

그런데 명사인 '값'이 독립적으로 쓰이고 접미사인 '-어치'도 오랜 시간 동안 '십 원어치', '한 푼어치' 등 금전적 단위를 표현할 때 독립적으로 쓰이는 명사적 성격을 가졌기 때문에 관용에 따라 본 형태를 밝혀서 '값어치'라고 적는 게 맞아.

비슷한 예로 '관청에서 일을 하는 사람'이라는 의미의 '벼슬아치'도 조항에 따르면 '벼스라치(벼슬+-아치)'로 적고 [벼스라치]로 발음해야 하지만 '-아치' 역시 접미사이되 그 자체로 명사적 성격을 강하게 띠고 있기 때문에 '벼슬아치'로 적는다고 해.

　내 자존감을 높이기 위해서는 나 스스로가 나를 존중하고 떳떳하면 된다고 했잖아. 맞춤법 앞에서 좀더 떳떳한 내가 되어서 문법적인 자존감까지 높이고 내 가치도 높여보자고!

값어치

> 명사

일정한 값에 해당하는 분량이나 가치.

내 **가보치**는 내가 정할 거야.(×)
➡ 내 **값어치**는 내가 정할 거야.(○)

실패가 아니라 나아가는 중,
단언컨대

시각장애와 청각장애, 언어장애까지 가졌던 헬렌 켈러는 50대에 쓴 에세이 《사흘만 볼 수 있다면》에서 "단언컨대, 본다는 것은 가장 큰 축복"이라고 말하지. 사실 이 헬렌 켈러의 에세이 구절이 유명해진 건 모 휴대전화 광고에서 에세이를 요약한 멘트를 카피로 인용하면서였어. 이 광고 덕분에 사람들이 '단언컨대'라는 말을 많이 쓰게 되었지. 그런데 현실에서는 단언컨데, 단언컨대, 단언건데, 단언건대 등 제각각으로 쓰이고 있다는 게 함정. 도대체 뭐가 맞는 말인지 알아볼까?

단어를 쪼개보자

'단언하다'는 주저하지 않고 딱 잘라 말한다는 의미야. 명백히 밝히거나 어떤 것이 최고임에 틀림없음을 표현할 때 자주 사용되지. 여기까지는 크게 어려움 없이 알 수 있는데 이게 '-건대(뒤 절의 내용이 화자가 보거나 듣거나 바라거나 생각하는 내용임을 미리 밝히는 연결 어미)'와 결합하면서 헷갈리는 거지.

대개 '-하는데'와 같이 'ㅔ' 형태가 올바른 맞춤법인 경우가 많아. 그래서 '-건데'를 표준어로 알고 있는 사람들도 많지만, '-건대'만 표준어로 인정하고 있대(기억해두자!). 그러니 '-컨데'나 '-건데'는 빼버리자고. 김소월의 시 〈바라건대는 우리에게 우리의 보습 대일 땅이 있었다면〉을 떠올려봐. 제목만 봐도 뭐가 맞춤법에 맞는지 단번에 알겠지?

이 '단언하다'가 뒤에 '-건대'를 만나 어떻게 줄어드는지 살펴볼까? 〈한글맞춤법〉 규정 제40항에서는 '하'의 'ㅏ'가 생략되고 'ㅎ'이 다음 음절 첫소리와 어울려 거센소리로 되는 경우와 어간 끝음절 '하'가 완전히 생략되는 경우를 구분해서 설명하고 있어. 많이 어렵지?

'-하다' 앞에 무엇이 오는지에 따라 준말이 달라지니까 우선 단어를 쪼개보는 게 중요하지. '단언+-하다+-건대'인 경우 '-하다' 앞에 오는 '단언'이 'ㄴ'으로 끝나잖아. 이런 경우(유성음: 울림소리인 ㄴ, ㄹ, ㅇ, ㅁ 혹은 모음)에는 'ㅏ'가 사라지고 'ㅎ'만 남아. 그리고 이 남은 'ㅎ'이 '-건대'와 결합하면서 거센소리(ㅎ+ㄱ=ㅋ) 그대로 적지. 그래서 단언컨대가 맞아.

그런데 유성음으로 끝나지 않는 경우에는 다르게 적용돼. 예를 들어 '생각하다'가 뒤에 '-건대'를 만나면 어떻게 바뀌는지 볼까? '생각+-하다+-건대'의 경우 '생각'은 'ㄱ'으로 끝나잖아. 이런 경우(무성음: 안울림소리인 ㄱ, ㅂ, ㅅ) '-하'가 통째로 사라져서 뒤에 '건대'만 그대로 붙지. 그러니까 '생각하다+건대'를 줄이면 '생각건대'가 되는 거야.

유성음과 무성음만 머릿속에 잘 담아두면 크게 어렵지 않은 준말이니까 연습해보면서 자주 보고 익히면 틀리는 일이 없을 거야(그리고 유성음을 외울 때는 노랑양말을 기억해. ㄴ, ㄹ, ㅇ, ㅁ)!

제 인생이 망한 줄 알았어요

고등학교에 입학하고 처음 보는 중간고사 때였어. 한 학생이 시험이 끝나고 답안지를 모두 제출하고 나서야 서술형 답을 답안지에 옮기지 않았다는 것을 알게 되었어. 학교에 선처를 호소했지만 학업성적관리위원회는 답안지에 답을 옮겨 쓰지 않은 것을 인정해주는 것은 다른 학생들과의 형평성에 문제가 있다고 판단했어. 결국 서술형은 0점 처리가 되었지.

아마 고등학교에 입학해서 처음 치르는 시험이다 보니 긴장도 되고 오엠아르 답안지가 익숙지 않았을 거야. 그러니 문제를 잘 풀어놓고도 오엠아르 답안지 뒤에 서술형 답을 쓰는 것을 실수했겠지. 많은 학생들이 충분히 할 수 있는 실수야.

그때 그 학생은 한동안 방황했어. 공부를 열심히 하는 모범생 친구인데 첫 단추를 잘못 끼워서, 뭔가 다 틀려버린 것 같았을 거야. 그 친구는 세상을 잃은 표정으로 학교를 다녔어. 아마 당시엔 그 실수가 인생 전체의 실패처럼 느껴졌을 거야. 그래서 낙담하고 모두 포기하고 싶었을지도 모르고. 하지만 자신의 실수를 인정하고 포기하지 않으며 다른 시험에서 최선을 다하면서 자신의 실수를 조금씩 만회해나갔고 결국 자신이 원하던 대학의 원하던 학과에 입학할 수 있었지. 졸업 후에 만난 그 학생이 이렇게 말하더라고. "이제는 웃으며 말할 수 있지만 그땐 정말 제 인생이 망한 줄 알았어요."

우리의 미래는 아무도 몰라

나도 고등학교 때, 일본어 시험에서 50점대의 점수를 받은 적이 있었어. 그때 성적표에 적힌 50점이라는 점수를 보니까 내 인생이 망한 것 같더라고. 그런데 실제로는 그렇지 않았어.

고3 학생들이 모의고사를 보고 나면 성적이 올라서 좋아하는 학생들도 있고, 점수가 잘 안 나와서 힘들어하는 학생들도 있어. 자신의 인생이 끝난 것처럼 너무 우울하다 싶으면, 나의 실패 스토리를 읊어주지. 방황했던 백수 생활기와 칠전팔기 취업 도전기보다도 가장 인기 있는 건 수능을 세 번 본 이야기였어.

지금의 성적이 네 인생의 모든 것을 바꿔버릴 것 같지만 실제로 너의 인생을 움직일 수 있는 건 앞으로 남은 날들이야. 네가 어떤 마음으로 살아가느냐라는 것이 중요하지. 그러니 너무 일찍 포기하지 말라고 말해주고 싶었어.

우리가 당장 내일이 어떻게 될지 모르는데 시험 좀 못 봤다고 10년 뒤, 20년 뒤의 삶을 누가 단언할 수 있겠어? 그러니 많은 가능성을 가진 너희들이 성적 때문에 미래를 쉽게 포기하지 않았으면 좋겠어. 오늘 하루가 어떤 가지로 뻗어나갈지는 누구도 알 수 없거든. 그리고 내가 지금 실패한 것인지 아니면 더 큰 목표를 향해 나아가는 것인지 역시 아무도 모르는 거니까.

단언컨대

'단언하다'가 뒤에 '-건대'가 만나 줄어든 말.

단언컨데 성적이 모든 걸 결정하지는 않아.(×)
➡ 단언컨대 성적이 모든 걸 결정하지는 않아.(○)

인생도 수정이 가능하거든, 귀띔

선생님, 저는 연극을 하고 싶어요. 그런데 부모님께서 연극영화과에 진학하는 것은 안 된다고 반대하세요. 굳이 하고 싶다면 원래 목표 했던 사회과학부에 입학하고, 동아리 같은 경험을 통해 천천히 생각해보라고 하시는데요, 선생님이 생각하시기엔 제가 어떻게 하는 게 좋을까요?

대학과 학과를 선택해야 할 시기에 한 학생이 내게 물었어. 학생들과 독서에 관한 티타임은 재미있는 책 이야기를 하면 되니까 크게 어려움이 없는데, '진로'와 관련된 상담은 늘 어렵고 고민이 많이 돼. "인생 뭐 있냐? 재미있게 즐기며 살면 되지!" 이런 말은 하기가 어려워. 내 한마디가 그 학생의 인생을 좌지우지할 수 있으니까.

워낙 모범생 같은 친구가 그런 말을 꺼내니까 처음에는 나도 속으로 깜짝 놀랐어. 입학 때부터 쭉 봐왔지만 그런 끼를 단 한 번도 본 적이 없었거든. 그런데 조금씩 이야기를 나누다 보니 그 진로에 대한 마음이 진심인 거야. 평소에 연극에 관심이 많았지만 부모님이 반대할까봐 고민하다가 여기까지 온 거였어. 지금 접으면 후회할 것 같은데 자신도 미래에 대한 확신은 없는 상태. 나는 슬쩍 귀띔을 해줬지. "여기저기 기웃거려보는 건 어때?"

잘 모르겠으면 이리저리 기웃거려봐

'귀띔'은 '귀'와 '띔('뜨다'의 피동사 '뜨이다'를 명사형으로 나타낸 것)'이 결합한 말로 상대편이 눈치로 알아차릴 수 있도록 미리 슬그머니 일깨워준다는 뜻을 가지고 있어. 엄마가 화났을 때 동생이 형에게 "형, 오늘은 엄마한테 까불지 말고 조금 분위기가 이상하다 싶으면 빨리 자리를 피해"라고 귀띔을 해주는 경우를 생각하면 그 의미를 쉽게 이해할 수 있지.

'햄버거 패티에서 대장균이 검출되지 않도록 담당 공무원이 조사 전 햄버거 가게에 귀띔을 해줬다는 조사 결과가 나왔다.' 이 문장에서도 맥락에서 사용되는 의미를 파악할 수 있을 거야. 그런데 많은 사람들이 귀띔을 귀뜀, 귀뜸, 귀띰 등으로 잘못 쓰곤 하더라. 아마 귀띔의 발음을 [귀띰]으로 하다 보니 발음과 표기가 달라 헷갈리는 것 같아. '귀가 뜨이다(처음으로 청각을 느끼다)'의 결합이라고 생각하면 틀리지 않을 거야.

진로에 대해 슬쩍 일깨워준다는 선생님의 귀띔이 여기저기 기웃거려보라는 거라니, 좀 황당하지? 어릴 적부터 우리는 다양한 관심사를 표현하면, 산만하다느니 제대로 하는 게 없다느니 하면서 자주 혼이 나고 '한 가지 일을 꾸준히 해야 성공한다'라는 사회적인 통념으로 교육받아왔잖아.

하지만 나는 자신의 결정에 대한 확신이 없는 상태라면 여러 가지 경험을 해본 뒤에 최종적인 결정을 내려도 늦지 않다고 생각해. '탐색한 후에 결정하는 것도 나쁘지 않다'라는 그 친구의 부모님 말씀에 동의한 거지.

어렸을 때부터 '난 건축가가 될 거야!', '난 사회복지사가 될 거야!'라고 명확한 꿈을 가지고 한 길을 죽 달린다면 그거야말로 참 이상적이겠지만 학창 시절에 이렇게 자신의 꿈을 결정하고 그것을 향해 노력하는 학생들은 거의 없거든. 어떤 꿈도 갖지 못해 우왕좌왕하는 아이들이 대부분이지.

미래에 대한 불확실성, 그리고 그 불확실성에 따르는 불안 때문에 당장 무엇을 어떻게 해야 할지 모르겠고, 좋아하는 게 뭔지도 아직 모르겠는데 무슨 미래의 진로냐며 코웃음 치는 학생들도 많고. 그런 상황에서 무언가를 결정해서 밀고 나가라는 것은 너무 성급한 선택이 아닐까 걱정이 되는 거지.

그렇기 때문에 미래를 '확실하게' 결정하기 전에 현재의 삶에서 많은 경험을 해보자는 이야기야. 지금 이 순간 단 한 번의 선택으로 내 인생을 결정짓지 않아도 된다는 거. 모든 일은 실제로 겪어보기 전에는 정확히 어떻게 될지 아무도 모르는 거니까. 하고 싶은 일을 탐색하면서 다양한 경험에 노출되면 결국은 '이건 좀 재미있네?', '이거 생각보다 어렵지 않은데?'라고 감을 잡을 수 있어.

온몸 구석구석으로 다양한 경험을 해야 이게 왜 좋은지, 어떤 점에서 좋은지, 내 삶에 어떤 영향을 끼치고 있는지, 곰곰이 생각할 수 있는 거야. 인풋이 넉넉해야 아웃풋이 나오는 것처럼 말이야. 그게 중고등학교 내에서 이루어지면 좋겠지만, 반드시 그래야 하는 것은 아냐. 안 되면 대학에 가서 직접 공부하고 경험하면서 그 결정을 유보해도 된다는 말이지.

적성과 꿈을 찾는 것은 연애와 똑같아

내게 그 조언을 구했던 친구는 결국 부모님의 권유대로

사회과학부에 진학했어. 그리고 대학 시절 내내 연극동아리에서 활동했지. 갑자기 어느 날부터는 사진을 찍기 시작하더니, SNS에 작품이라는 이름으로 하나씩 사진을 올리더라. 이것저것 경험하면서 자신이 재미있게 잘할 수 있는 일들을 하나씩 찾기 시작한 거야. 든든한 베이스캠프를 치고 나서 지금 당장 결정하지 않아도 되는 경험들을 시작한 거야. 이것들은 이 친구에게 꽤 마음의 여유를 주었던 것 같아.

대학에 입학하고 4년쯤 지났을까. 하루는 대학 극단에서 하는 연극의 주연배우로 자신의 이름 세 글자가 박힌 티켓을 내게 전해주었어. 또 하루는 나에게 "선생님, 시간 되실 때 연락주시면 제가 가족사진 찍어드릴게요. 전문가는 아니지만 잘 찍어드릴 수 있어요"라며 사진 실력도 자랑했어. 다양한 경험은 그 학생이 자신이 무언가를 선택하고 결정해야 할 시기에 도움이 되었을 거야.

그래서 그 친구는 지금 무얼 하냐고? 유명한 방송사에 PD로 들어가 일하며 배우고 있지. 부모님과 사회가 원하는 진로로 자리를 잡고 자신이 정말 하고 싶은 일의 전체 그림을 그렸던 그 학생. 직접 해보고 몸으로 부딪치는 과정이 충분했기에 흥미와 적성을 알아갈 수 있었을 거야. 그리고 미리 자기가 어떤 사람이라고, 어떤 일을 해야 하는 사람이라고 규정짓지 않았고 변화의 가능성을 차단하지 않았기에 가능한 결과였던 거지.

연애해본 적 있어? 해본 적이 없다면 친구를 사귀는 과정을 대입해보자! 처음에 만나서 영화도 보고 밥도 먹고 수다도 떨며 서로를 탐색하잖아. '이 친구는 나랑 대화가 잘 통하네?' '이 친구는 나랑 좋아하는 음식의 취향이 비슷해.' 그러다가 싸우기도 하고 합의점을 찾지 못하거나 서로의 감정에 금이 가면 헤어지기도 하지.

그러고 나서 또 다른 사람을 만나 이런저런 경험을 해보면서 나와 잘 맞는지, 나를 즐겁게 할 수 있는 사람인지, 함께 있으면 행복하고 긍정적인 기운을 주는 사람인지에 대해서 나름의 고민을 하지. 그리고 그 고민을 통해 함께하거나 헤어지게 되지. 다시 똑같은 과정을 통해 자신과 잘 통하는 친구를 찾게 되잖아.

나는 적성이나 꿈을 찾는 것이 바로 이 연애와 똑같다는 생각을 해. 적성을 찾으려면 연애하듯 다양한 경험이 필요해. 흥미와 재능을 찾을 때까지 끊임없이 도전해야 하는 거지. 그런 경험들을 통해 내가 즐겁게 할 수 있는 일을 결국 찾게 되는 것이고 말이야.

내 인생을 가장 진지하게 고민하는 사람

만약 중간에 이 길이 아닌 것 같다면? 마음에 안 맞는 사람과 단번에 헤어지듯이 과감히 포기하거나 방향을 수정하면 돼. 대학에 진학했다고 해서 내 인생이 그 학과와 붙박이가 되는 것은 아니거든.

나는 고등학교 때 문과였는데 교차지원을 해서 이과인 정보과학부로 입학을 했어. 그리고 거기서 컴퓨터와 멀티미디어학과 관련 수업을 몇 번 수강하며 온갖 외계어(구체적으로 밝히자면 프로그래밍 언어의 하나인 C++언어)와 씨름하다가 내 길이 아니란 걸 알았어. 그리고 다른 전공인 문헌정보학과에서 공부하다가 우연히 친구 따라 고전문학 수업을 듣고는 계속 공부하고 싶은 생각이 들어서 국어국문학과를 복수전공하게 되었어.

어렵게 내 인생의 목표를 결정했을 때에는 그 누구보다 최선을 다해 열심히 공부해서 교사 자격증까지 딸 수 있었지. 내 인생은 진심 문어발 그 자체였던 거지. 누군가 나를 진득하지 못하다고 말하면, "내가 살아갈 내 인생인데 나보다 더 진지한 사람이 어디 있겠어요?"라고 말대답까지 준비했는데 아무도 나에게 그렇게 물은 사람은 없었어.

대학에 가면 복수전공이나 전과, 편입 혹은 대학원 진학

등 내 길을 수정할 수 있는 길이 무한히 열려 있어. 그러니 한 가지 길만 보지 말고, 그 길을 이탈했다고 해서 낙오자라고 여길 필요도 없어. 진짜 나에게 맞는 일을 찾기 위해서는 이리저리 기웃거리면서 문어발처럼 여기저기 발을 담그며 내 커리어의 포트폴리오를 구성하는 것이 정말 중요하다는 점을 잊지 않았으면 좋겠어.

귀띔

명사

상대편이 눈치로 알아차릴 수 있도록 미리 슬그머니 일깨워줌.

선생님이 교실에 들어오기 전에 **귀뜸** 좀 해줘.(×)
➡ 선생님이 교실에 들어오기 전에 **귀띔** 좀 해줘.(○)

틀렸는데 찰떡같다
4

깨끗이/깨끗히

(깨끗이/깨끗히) 씻고 공부하니 개운해.
정답은?

바로 '깨끗이'야. <한글맞춤법> 제51항에 따르면 부사의 끝음절
이 분명히 '이'로만 나는 것은 '-이'로 적고 '히'로만 나거나 '이'
나 '히'로 나는 것은 '-히'로 적는다고 되어 있어.
그럼 발음을 한번 해볼까? [깨끄시]로 나니까 끝음절이 분명히
'이'로만 나는 게 맞지. 그래서 '깨끗이'로 적는 게 맞아. 그런데
간혹 '이'와 '히' 발음이 헷갈리는 단어들이 많아. 그래서 학생들
가르칠 때 답은 [이] 발음이 나서 '-이'로 적는 거라고 설명해도,
"선생님 저는 [히]로 발음 나는데요?"라고 하는 학생들도 많았어.
솔직히 발음하는 사람의 습관에 따라 다른데, 너무 억지스러운
게 아닐까 하는 생각이 드는 맞춤법 가운데 하나야. 그래서 그런
단어는 계속 반복해서 읽어보면서 익히는 게 가장 좋지.

틈틈이, 나날이, 샅샅이, 곰곰이, 뿔뿔이, 깨끗이, 따뜻이, 느긋이, 나지막이, 반듯이, 버젓이, 극히, 족히, 급히, 솔직히, 가만히, 각별히, 쓸쓸히, 촘촘히 등등. 자, 이 글을 읽으면서 이 예들에 세 번씩 눈도장 찍어보자! 약속!

사춘기를 위한 맞춤법 수업

초판 1쇄 발행 2021년 8월 23일
초판 8쇄 발행 2023년 9월 22일

지은이 | 권희린

발행인 | 박재호
주간 | 김선경
편집팀 | 강혜진, 이복규, 허지희
마케팅팀 | 김용범
총무팀 | 김명숙

디자인 | 디자인 잔
표지일러스트 | 금요일
교정교열 | 윤정숙
종이 | 세종페이퍼
인쇄·제본 | 한영문화사

발행처 | 생각학교
출판신고 | 제25100-2011-000321호
주소 | 서울시 마포구 양화로 156(동교동) LG팰리스 814호
전화 | 02-334-7932 **팩스** | 02-334-7933
전자우편 | 3347932@gmail.com

ⓒ 권희린 2021

ISBN 979-11-91360-22-6 (43700)